村串栄一

Eiichi Murakushi

検察・国税担当

新聞記者は何を見たのか

講談社

検察・国税担当

新聞記者は何を見たのか

検察・国税担当　新聞記者は何を見たのか◉目次

装幀　三村　漢（niwa no niwa）

はじめに

テレビドラマの記者、検事、刑事、医者ものが昔も今も人気番組となっている。学生時代の就職活動期、格好よさにほだされ、憧れの仕事と映った。医者、法律家は無理として、颯爽とコートを翻し、取材で街を歩く新聞記者の姿に魅かれた。そして、中日新聞社（東京新聞）にもぐりこんだ。

それから四十年。記者稼業の大半は事件関係の仕事だった。「抜いた、抜かれた」の緊張が連続する〝非人間的〟日常に直面した。

映画、音楽、芝居、文学……。文化の香り漂うセクションで記事を書く。そんな優雅な仕事を夢想していた。かなわなかった。「優雅」なんて言うと現役の人に怒られるし、実際、そこも特ダネ発掘作業があるシビアな職場であることを付記しておかなければならない。

新聞記者もサラリーマン。禄を食《は》むためには鉄火場仕事に突入せざるを得ない。ない知恵を絞り、特ダネ競争に参加した。取材力、人脈力、確認力が大きくものを言うことを知った。

地方支局を回り、東京に来て検察担当を言い渡された。取材の舞台は東京地方検察庁。まさかである。学生時代、学生運動で機動隊に逮捕され、留置された麻布警察署からの送致先が東京地検だった。因縁を思った。

検察は権力の総本山のような、唯我独尊、ガラパゴス集団であることも追って分かった。

でも、嫌でも前に進むしかない。ならば、取材手法を磨き、検察の思い込みに風穴《かざあな》を開けたいと不遜な思いに支配された。そればかりを考えていた。本文で徐々に明らかになると思う。

検察には「絶対正義」「無謬《むびゅう》」という神話の時代があったが、あの大阪地検特捜部の証拠改竄《かいざん》事件で地に堕《お》ちた。検察の看板である特捜部の栄光は一瞬にして潰《つい》えた。

マスコミも自力で情報を掘り起こす調査報道への関心が薄くなっているようだ。事件報道そのものが沈滞傾向にあるとも思える。かつて、独自報道は不徳の政治家、役人の袖の下、公害、偽装食品、欠陥商品など、不正、不祥事を明るみに出し、世に知らしめてきた。あの熱気はどこに行ったのだろう。

そんなことを思いながら筆を取った。書いている最中にさまざまな出来事が頭をめぐった。互いに競い合った記者仲間や事件の最前線にいた検事の顔。本書では事件を多角的に眺めながら、検事、記者らがまみれた葛藤、駆け引き、闘魂を紹介できればと考えている。検察、メディア、国税、警察、行政機関の変貌などにも随所で触れ、今日状況にも言及する。

筆者は現在、会社を完全退職し、フリージャーナリストとして執筆活動を続けている。緊張が解けた今こそ記録しておくチャンスと考えた。トレースして現在を考える一材料にしていただければ幸いである。

※本文中の敬称・立場を表す呼称は原則省いた。肩書は断りのない限り当時のもの。必要に応じて登場人物の一部は匿名とした。

第一章

ある誤報

一　誤報、そして自殺

群馬県前橋市で奇異な事件が発生した。もう三十数年前の話になる。新聞の群馬版で報じられた程度で、全国ニュースとして取り上げられることはあまりなかった。しかし、大いなる教訓を残す事件であった。警察、マスコミの思い込み、被害者の苦しみなど、今日的問題を包含していた。

重油タンク殺人事件と呼ばれた。筆者が一九七八（昭和五十三）年、東京新聞前橋支局に赴任して、やがて遭遇した事件である。既に三十数年が経過し、関係者は現職を離れ、あるいは他界している人も多いことから、当時の記憶と資料を頼りに説き起こす。

一九八二（昭和五十七）年十二月十八日午前十一時ごろ、国鉄（現・ＪＲ）前橋駅前通りにあった生命保険会社社裏手の暖房燃料用重油タンク内に遺体があるのを清掃作業員が見つけ、警察に届けた。遺体はビニールに包まれ、重油の底に沈んでいた。群馬大学で司法解剖したところ、首を絞められていることが分かった。

殺されていたのは一九七七（昭和五十二）年七月、集金した一千万円とともに行方不明になっていた前橋市内に住む銀行員の男性だった。

当時、群馬県警本部の一階に記者クラブがあった。ソファーに横になり、新聞を開いている記者、囲碁、将棋に興じている記者、今日の出席原稿は何にするか鉛筆をなめている記者らで、穏やかなムードにあった。出席原稿とは、その日の仕事の痕跡を残すための記事で、地方版（県版）を埋める原稿を言う。警察発表の交通事故やヒマダネ原稿などを3B、4Bの濃い鉛筆で書き殴っていた。このころ、記者クラブに常駐していたのは在京全紙と通信社、地元紙、地元テレビ局などだった。

四海波もないなか、異変が訪れたのは、県警広報担当が重油タンクから遺体が発見されたとの一報を伝えてきたときだった。「遺体は銀行員らしい」。記者らは「あ、まさか、あのとき行方不明になった銀行員では」「え、殺されていたのか」。どよめきが起きた。

筆者もすぐ現場に駆け付けた。顔見知りの捜査員は「こんなことになっているとは」と焦燥を隠さなかった。他社の記者たちも複雑な思いで現場を歩いた。

銀行員が行方不明になったとき、「持ち逃げ説」が流布された。警察、銀行は持ち逃げ説を視野に入れながら、誘拐、蒸発、他殺の可能性も捨てていなかった。銀行側は真面目な勤務状況などから当初、「事件か事故に巻き込まれた可能性が高い」と見ていた。しかし、その後、警察の捜査に進展はなく、目撃情報もない。既に殺されていたのだから目撃情報がないのは当たり前であるが……。

やがて、「バスに乗って去るのを見た」「競輪場に行っていた」などの風評が寄せられ始め、次第に持ち逃げ説が濃厚視され、マスコミは振り回された。そして、銀行員に疑惑の目を向ける記事が登場するようになった。消息不明の状態が続き、疑惑が増幅され、持ち逃げ説の論調が強まったのだ。

遺体が発見される前年の夏、銀行員の妻（当時四十八歳）は、自宅でビニール袋を被り、自殺した。残されたのは高校生の長男と中学生の二男だった。

大半のマスコミは銀行員を犯罪者扱いにしてしまった。そして妻が自殺した。警察も銀行もマスコミもショックを受けた。判断材料が少ないなかでの思い込み報道だったとも言える。

当時、県警担当として取材にあたった元記者に聞いてみた。ある全国紙記者は「思い出したくない出来事です。持ち逃げ説の確かな根拠はなかったけど、どんどんそちらに流れてしまった。遅れてはならないと思い、持ち逃げと決め付けてしまった。今となれば言い訳にすぎない。遺族に謝罪に行こうとしたが、勇気がなかった。忘れられない不始末でした。しかし、謝罪記事があったという記憶はない。今なら考えられないことです」

地元紙記者もこう言う。「持ち逃げ説での書き飛ばしが多かった。真相が分かって、個人としてショックを受けたし、会社内にも衝撃が走った。とんでもないことになったと思った。確か、県警は被害者がいなくなってから、一度あの重油タンクの蓋を開けたはず。

しかし、『まさか、ここに』という思いからか、見つけることはなかった。訂正記事や検証記事は見なかったように思う。容疑者呼称もない時代だったからね。思い出すだにしんどい事件でした」

筆者は銀行員の〝失踪〟当時は前橋支局に赴任していなかった。遺体発見時に初めて関与した。正直、その分、贖罪《しょくざい》意識は薄い。しかし、同じマスコミ人として痛みは共有するところだ。仮に〝失踪〟当時にいたとすれば、同じように誤報を書いた可能性は十分にある。

では、犯人は誰か。生命保険会社付近の聞き込みで、ふと耳にしたのが「用務員のおじさんがいなくなったね」。周辺取材を始めると、「用務員」は多額の借金をしていたが、銀行員の〝失踪〟直後に返済し、仕事を辞めていた。犯人の可能性ありと考え、取材した。捜査本部もその方向で「用務員」を有力容疑者と見ていることが判明した。

そして、「重要参考人浮かぶ」「元用務員を手配へ」と特ダネを打った。続いて「都内潜伏か」など犯人の逃走ルートも克明にした。

ある日、前橋警察署長から呼ばれた。詳しすぎることから、犯人と接触しているのではないか、あるいは犯人の周辺人物から情報を得ているのではないかと邪推されたようだ。そんなことはない。「情報源はあるが、言えない」と繰り返した。実際、かすかな情報を頼りに突き止めただけである。犯人は間もなく逮捕された。しかし、事件の過程を考えると、あまり気持ちのいい特ダネではなかった。

逮捕当時の東京新聞記事によると、犯人は銀行員の〝失踪〟直後、保険会社の女子社員に借りていたカネを返し、消費者金融にも九十二万円を返済していた。警察が犯人のこうした行動を把握していれば、もっと早く事件の真相に近付けたのではなかったか。

一九八三（昭和五十八）年夏、前橋地方裁判所で犯人に対する判決公判が開かれた。判決を前に地方版で「崩壊の軌跡」と題する連載を始めた。

銀行員の自宅には長男が残された。取材しようとアプローチするも、激しい抵抗に遭った。ものすごいマスコミ不信だった。当然である。何度も通った。口を閉ざしたままだった。それでも連載を始めた。毎日、新聞を郵便受けに入れた。何日かのち、両親のお墓に行き、手を合わせた。やっと口を開いてくれた。捜査、マスコミへの募る恨み、両親への思い、それでも生きていくという決意などを語ってくれた。

連載は計九回。重油タンクでの遺体発見、捜査、銀行の対応、マスコミ報道などに触れ、遺族の苦悩を描いた。遺族の出来事に絞って抜粋してみる。

＊

「A子さん（妻。記事は実名）は、前橋市の繭検定所の検査課に勤め、糸の品質検査では三十年のベテラン。『当時の新聞にはいろいろ書かれたが、みんな憶測で書いたものだ』と、マスコミを厳しく批判する実弟」

「A子さんは思いつく限り心当たりを訪ね、身元不明の遺体が出るたびに警察に走った」

「(自宅の)電話には盗聴器がセットされ、捜査員が張り込んだ」

「一個約二グラムの小さな繭玉から長さ一・五キロの糸が作れるという。A子さんは伸び切った糸がプツリと切れるように、自分の命を断った」

「『いままでお母さんを助けてくれてありがとう。お父さんがいなくなってからのクリスマスプレゼント(タイツ)は死んでも忘れません。これからは弟と仲よく一生懸命生きて下さい。お母さんの意気地なしを許して下さい。さようなら。お兄ちゃん、お兄ちゃん、お兄ちゃん』。これはA子さんが長男にあてた遺書の抜粋である」

「自殺は翌日の新聞で小さく報じられた。しかし、失踪騒ぎがあった銀行員の妻という説明はなかった。警察も発表の中で触れなかったし、記者も転勤などで入れ替わり、単なる主婦の自殺としか見ていなかったようだ」

「新聞は、親父の遺体が見つかると、自分たちがかつて書いてきたことを頬かむりして、警察が悪いなどという。親父が持ち逃げしたなんて一度だって考えたことはない」

＊

筆者の言としてこう書いた。「真相がヤブの中にあった当時、持ち逃げ説に傾かざるを得ない条件がそろいすぎていた。それを覆す材料もなかった——と反論したい気持ちがないわけではなかった。しかし、それが言い訳にすぎないことも結果が示していた」

連載の途中で、ある記者が「もうやめてほしい」と苦しい思いを伝えてきた。その一方で、記事を見た本社幹部からは「そこまで卑屈になることはないだろう」という評価ももらった。時代のせいだけとは思いたくない。

『ジャーナリズムの情理　新聞人・青木彰の遺産』（産経新聞出版）という本に産経新聞時代の青木彰（故人）のこんな言葉が紹介されている。三億円事件の話である。要点を記す。「産経も『三億円の容疑者浮かぶ』と書いたが、間違いだったことがあるんです。事件を取材していて『あれが怪しい』となると、怪しいぞというデータが集まってくる。『その男が家でジュラルミンのトランクを開けているのを見た』という情報まで出てきた」「誤報はそうやって起きるんです」「確信が持てるまで立ち止まる勇気を持つしかない」

二　虚報

記事を書いてヒヤリとしたことは何回もある。原稿を出して、やはり心配になり、印刷直前に「ボツにしてほしい」と頼み込んだこともある。整理部はブーブー言いながら穴埋め作業に汗を流していた。

現在の新聞社はチェック体制、見識力、抑制力、人権意識が高まっていると思う。しかし、今日に至る道程には紆余曲折があった。

戦前は新聞をつくる方も読む方も瓦版《かわらばん》意識が強かった。ニュース性より娯楽性が高い内容だった。多分、誤報、虚報、でっちあげ、つくり話が豊富だったのではないか。ここは詳しい知識を持たないので、専門の研究者に譲りたい。

ただし、ひとつ言えることがある。戦局報道は各社一斉の虚報だということだ。戦況悪化を政府もメディアも国民も知っているにもかかわらず、たとえば「破竹の進撃」「敵艦撃沈」など威勢のいい記事を流し、「全滅」を「玉砕」と言い換えるなど虚飾を重ねた。大本営発表に依拠した歪曲報道ではあるが、何か、ここに誤報の淵源を見る思いがする。

戦前はともかく戦後に移る。後藤文康著『誤報―新聞報道の死角―』（岩波書店）や戦後史の各著などを参考に報告する。

まず、終戦後の一九五〇（昭和二十五）年に朝日新聞に掲載された伊藤律単独インタビュー問題である。日本共産党幹部で指名手配されていた伊藤律の単独インタビューに神戸の山中で成功したという〝大特ダネ〟だった。記事を書いたのは神戸支局記者。山中に分け入り、伊藤にたどり着いた様子を臨場感たっぷりに描写した。「その男」伊藤律とのやり取りも迫真の書き方だった。しかし、該当する時間、場所など次々と不審点が見つかり、架空の記事と判明した。朝日は全文の取り消しと陳謝の社告を流した。日本新聞史上トップ級の虚報だった。功名心からだった。

当時は戦後の混乱期。やり得、書き得、誇大表現が跋扈《ばっこ》していた。伊藤律の指名手配容疑の評価はともかく、所在探しに世間の耳目《じもく》が集まっているなか、単独インタビューはおいしいニュースだった。おいしさに幻惑されたのだろう、朝日はでっちあげ記事に食らいつき、大きな痛手を負ってしまった。

山中アジト問題で思い出した。一九八九（平成元）年の読売新聞。東京・埼玉にまたがる幼女連続誘拐殺人事件での誤報である。被疑者が潜伏しているというアジト探しに警察もマスコミも躍起になっていた。読売は多摩山中・小峰峠に「アジト発見」と大見出しを打った。サブ見出しに「物証、多数押収」「遺体放置場所と断定」など犯行の全容を摑み、見てきたかのような記事が掲載された。警察は「えー、ホントか」と報道に仰天した。即座に記事通りにアジトの小屋を探した。しかし、幻影でしかなかった。全面否定である。結果は誤報だった。読売はお詫びを掲載し、そののちの検証記事では「断片情報を積み重ね、激しい取材競争のなかで、強い思い込みから事実と信じ込んでしまった」といった主旨の説明を行った。

筆者にも多くの経験がある。「こうあってほしい」「こいつが犯人ではないか」「捜査官のひと言はこの方向を示唆しているのでは」という自分の願望に沿った展開を期待して、取材にあたったことを否定しない。重油タンク殺人事件でも、各社ほとんどが持ち逃げ犯というストーリーに沿った取材に絞ってしまった。「先入観を排し」とは言うが、競争の激しさによる勇む気持ちがそれを凌駕してしまうのだろう。

同じ読売新聞。ちょっと時間を遡る。これも大誤報だった。一九五七（昭和三十二）年の売春汚職事件でのことである。東京地検特捜部は売春防止法の成立阻止のため赤線業者が国会議員に働きかけていた汚職事件を捜査していた。読売は賄賂を受け取っていたとする国会議員二人の実名を挙げてスクープ報道を放ったが、完全誤報だった。読売は「両代議士　事件には全く無関係」の訂正記事を掲載した。しかし、これは検察による仕組まれた誤報だった。この出来事は裏話が多すぎるのであとで触れる。

東京新聞も無傷ではない。一九八六（昭和六十一）年に明らかになった芦田日記改竄案件だ。筆者が司法記者クラブに配属され、検察を回っていたころで、社内がざわついていたことを覚えている。編集局関係者が処分対象になり、ショックを受ける出来事だった。

一九七九（昭和五十四）年、東京新聞は戦後間もなくの首相・芦田均の日記の提供を、遺族から受けた。日記には首相の信条、新憲法制定に関する方針などが綴られていた。日記の公開は初めてで、一級のスクープだった。ところが、九条論議をめぐる部分で、将来の自衛力保持に余韻を残す付加がなされた。付加は、出版社の指摘で明らかになった。東京新聞はお詫びと記事の一部削除措置を取った。

原文にないことを勝手に加筆したのはもちろん、問題である。ただ、この案件は記者の功名心、競争意識が根底にあったわけではないと思える。自分の解釈に合わせた修正と言える改竄だったのではないか。それでも事実に脚色した点から考えれば虚報には違いない。

一九八九年に朝日新聞の沖縄サンゴ落書き事件があった。あえて「事件」としたのは、誤報の範疇《はんちゅう》を超えた「犯罪」の領域にあると考えるからである。特ダネ写真のため、サンゴを傷つけた。言語道断の行為であった。朝日は「お詫び」したが、サンゴ事件は朝日にとってその後もトラウマとして残り、他社も深く記憶にとどめる「事件」となった。

このほかにも類例はヤマとある。一九八九年、グリコ・森永事件で毎日新聞が「実行犯らを取り調べ」と勇み足をした。一九九四（平成六）年の松本サリン事件では、河野義行さんを犯人視した。警察、検察の見方に合わせた報道だった。二〇一一（平成二十三）年には産経新聞が、中国の国家主席だった江沢民《ジアンズーミン》が「死去したもよう」との報道を流したが、後日、健在な姿を見せ、誤報となった。

誤報とまでいかなくても事実関係を詰め切れず、また、思い違いなどから、ミスを出すことは日常茶飯だ。単純ミスも多い。単純ミスでも被疑者と被害者の写真違い、死んでいないのに「故人」としてしまったケースは深刻だ。予定稿をそのまま載せて恥をかいた新聞社もある。ミスは年中発生する。

大方の新聞社は朝刊、夕刊と一日二回、新聞を制作している。作業過程で、時間に追われながら原稿を点検し、記事にする。記者の原稿には現場キャップ、本社デスク、整理部、校閲部が目を凝らすが、ミスがすり抜けてしまうこともある。注意しなければならないのが「上手な原稿」だ。するりと読み通してしまい、疑いを挟ませないからだ。

修正・訂正記事掲載、検証作業は潔く対応すべきだ。こじらせれば今の訴訟社会、すぐにも訴状が舞い込んでくる。誤報記事による〝被害者〟は記事サイズと同じ訂正を要求してくることもある。まあ、ミスであるなら大体が一段か二段で勘弁してもらっているのが実情かと思う。ただ、被害者感情を考えれば、扱いについてあらためて検討が必要だろう。朝日新聞が二〇一五（平成二十七）年初頭に示した訂正記事改革案のなかで「訂正コーナー」を設ける方針を発表した。間違った理由などを詳しく説明するという。参考になるかもしれない。同年春からスタートした。

三　ご都合捜査

メディアの誤報がなぜ生まれたのかについて言及してきた。「抜いた、抜かれた」の激しいつばぜり合いの為せるところだった。筆者も翌日の朝刊を怯えながら開くことがままあった。悪夢を見て汗を垂れ流したこともある。抜かれないよう、遅れないよう、あわよくば出し抜こう——である。

手柄を求めるのは捜査当局も同じである。しかし、マスコミの徒手空拳に比べて彼らには武器がある。それは権力。恣意的利用で功名心を満たし、あるいは政治目的を果たした例は少なくない。事件を成立させるため、見込み、シナリオに沿った証拠、供述を集めようと、取り調べで威迫、誘導や違法証拠収集が図られたこともある。それがばれて冤罪、無罪、捜査不発を生むケースもある。

典型が元民主党代表・小沢一郎関連の政治資金規正法違反事件と元厚生労働省局長の村木厚子事件だろう。

特捜部は二〇〇八（平成二十）年から準大手ゼネコン西松建設の外為法《がいためほう》違反事件を摘発し、その過程で西松建設側政治団体から小沢側の政治団体へ裏献金が渡っていたとする資料を発見した。特捜部は小沢の政治団体をターゲットにした。本人に手をかけられれば、特捜部の存在を天下に知らしめることができる。

二〇〇九（平成二十一）年三月、東京地検特捜部は西松側からのトンネル献金が政治資金規正法の虚偽記載に当たるとして元秘書らをいきなり逮捕する挙に出た。しかし、小沢の関与は見いだせなかった。

その年の夏には総選挙が予定され、民主党の政権奪取が確実視されていた。小沢は民主党代表で総理就任が間近にあったが、代表の座を退いた。異例の着手にマスコミや民主党からは「民主党つぶし」「政治検察の再来」「検察の暴走」などの声が出た。

懲りない検察は翌年正月、資金管理団体・陸山会による東京・世田谷の土地購入資金四億円をめぐる虚偽記載案件で、元秘書の現職衆院議員らを逮捕した。記載を翌年に先送りさせた微罪だった。特捜部は小沢に迫ろうと執拗に元秘書らを追及したが、徒労に終わった。第二ラウンドでも検察は敗北した。

一人の政治家を狙い、一年余もかけて捜査を繰り広げた検察。収支報告書の「期ズレ記載」程度での強制捜査。「狂気の捜査」と表現するヤメ検（検事をやめて弁護士になった者）もいた。

その後、検察審査会が強制起訴したが、ここでも判決は小沢に無罪を言い渡し、確定した。検察は検察審査会の起訴に期待してか、事実をねじ曲げた捜査報告書を、検審に資料として提出していた。その不祥事も明らかになった。

当時、現職だった幹部検事は「時期も悪いし、証拠も薄い」と捜査に反対する意思表示をした。しかし、はやる東京地検を制止することはできなかった。

検察が最たる卑劣さを示した事件は村木厚子事件である。大阪地検特捜部は東京地検特捜部が小沢関連捜査を開始した直後、郵便割引制度を悪用した自称障害者団体事件の捜査を開始していた。そして障害者団体認定に関するニセ証明書発行に村木が関与していたとして逮捕した。特捜部は事件の向こうに依頼者と設定した民主党幹部の姿を見ていた。しかし、村木が関与したとする関係者の供述調書はすべて検事の誘導、威迫による作文だった。公判で証拠採用されず、化けの皮が剝がれた。

高級官僚を逮捕し、民主党政治家に手を伸ばせば大阪地検特捜部の立派な勲章になる。手段を問わない証拠集め、供述調書作成。検察の錯乱捜査だった。

極め付きはフロッピーディスク改竄事件である。ニセ証明書発行に関するフロッピーディスクの更新日時を、村木が指示したとする時期に符合させるため書き換えていた。特捜部長らが逮捕され、検事総長が引責辞任し、戦後検察史上で最大級の不祥事となった。この問題はのちにも触れるつもりだ。

野心と意図による強引捜査で検察は自壊した。そのＤＮＡは戦前にあった。戦前、検察は政治的野望を満たすため、あるいは思想弾圧のため、でっちあげ事件を量産し、検察ファッショを繰り広げた。

日本の検察制度の始まりは一八七二（明治五）年の太政官達《たっし》発布からで、訴追官としての立場が明確にされ、組織整備がなされ、捜査権が付与された。すると、検察は権力の肥大、増殖を目指し、あるいは政治介入目的に〝創作事件〟を手掛け出した。

明治、大正、昭和初期までの歪んだ捜査を拾ってみる。明治の日糖事件は大日本製糖が有利な税制を求めて国会議員に賄賂を贈っていた贈収賄事件だったが、検事局は国会が機能しなくなるほど議員を大量逮捕した。指揮をしたのは司法省の要職にあった平沼騏一郎《きいちろう》で、検察が政治進出をするための橋頭堡にしようとアピールした事件と言われている。

大逆事件も同じ検事局の仕業で、フレームアップ捜査を展開した。検察捜査で内閣が瓦《が》解《かい》したのはシーメンス事件。建造軍艦の備品調達の際、海軍軍人がドイツのシーメンス社から賄賂を受け取っていたという疑いだった。検察は軍部に踏み込み、山本権兵衛内閣を瓦解させた。

政治捜査の頂点は帝人事件である。金融恐慌で帝国人造絹糸株を大量保有していた鈴木商店が倒産し、株は台湾銀行が引き取った。帝人の業績は順調だった。その帝人株を財界人グループが購入したが、検察は低廉譲渡の疑いから財界人や大蔵次官、商工大臣らを逮捕した。しかし、判決は「株をできるだけ高く処分しようとした真摯《しんし》なる努力があった」と全員に無罪を言い渡した。立憲政友会を解体に追い込む目論みで仕掛けた事件とされた。

終戦後の検察はＧＨＱ（連合国軍最高司令官総司令部）の反対をよそに、かろうじて捜査権を保持したが、戦前と同じように存在を誇示するため、次々と事件に食らいついていった。揺籃期《ようらんき》の検察とはいえ、純粋理念だけではなかった。

低利融資を受けるため政官界工作を行ったという昭和電工疑獄は芦田均内閣を倒したばかりか芦田本人をも逮捕した。判決は大半が無罪。倒閣が目的だったとの指摘があった。捜査がＧＨＱの指示だったことで推測できよう。次は石炭産業の国家管理を企図した臨時石炭鉱業管理法の成立阻止をめぐる汚職事件の炭管疑獄である。法務政務次官だった田中角栄らが逮捕されたが、これも無罪。

造船業者が計画造船割り当てなどを求めた造船疑獄では、自由党幹事長だった佐藤栄作の逮捕を目前にしたが、犬養健法相の指揮権発動でかなわなかった。というより、賄賂なのか政治献金なのか不透明で、第三者供賄を問うには疑問があった。そこで検察と政治が折り合いを求めて指揮権発動を演出したというのが最近の解釈だ。

世直しへの意気込みと新生検察をアピールするため猪突猛進し、なんでもありの検察だった。捜査を目こぼしして特定勢力に奉仕した不発事件も少なくなかった。検察は体制内権力だからだ。ご都合捜査である。

エピソード

検事も人の子

ロッキード事件の吉永祐介さんは東京・千駄ヶ谷のマンションに住んでいました。「ここも長いので、もうすぐ近くの新しいマンションに引っ越します。すごいよ。玄関が勝手に開かないんだね。オートドアロックと言うらしい。お風呂もね、勝手に沸いてくれるよ。引っ越したらおいで」。捜査の達人も、日常生活には疎かったようです。

権力、カネを握れば次は女が定番。ある年の暮れ、法務・検察組織で上位にいた幹部から筆者宅に電話がありました。

「僕の女性問題が週刊誌に書かれるらしいんだ。取材にも来た。もう、面倒くさくて役所を辞めようかと思っている。辞表を書き終えたばかりなんだ」「本当のことをしゃべるから聞いてほしい。君にだけ話す」。あまり聞きたい話ではありませんでした。

会って話を聞きました。「彼女とのことは本当だよ。旅行会で遭遇した女性だった。それきり忘れていたら、ある日、役所に電話があった。子どものことで相談があるとね。外で食事をして酒を飲んだ。そのあとも何度か会った。オウム（現・アレフ）事件で神経をすり減らしていたときで、ふらふらとなってしまった」

検事は出来事を認め、潔く辞表を提出しました。取材用のコメントを広報担当に託しました。「この件については一切弁解しない」。その後、病気で亡くなられた。寂しい出来事でした。

ある検事。大型事件をやっていました。しかし、頓挫した。マスコミ、世間は厳しい評価を与えました。その検事から東京・新宿の料理屋に呼ばれたのです。「検察を辞めようと思う。外部の批判は受け止めるとして、検察内部からの批判には耐えられない。『恥ずかしい』なんて言われた。たまらない」。筆者は「今、辞めれば憶測が広がる。来春の定期異動まで待ったら」と提案しました。この検事は間もなく別の事件を掘り起こし、評価を得て検察にとどまりました。

第二章

検察という魑魅魍魎

一 「写真のない家」

この辺で検察と事件、検事、記者の生態の話に移ろう。

一九八四（昭和五十九）年、群馬県・前橋支局で記者生活を送っていた。もう七年目になっていた。長い。他社の記者はどんどん転勤していく。しかし、あまり気にならなかった。人情あり、自然あり、大きな事件はあまりなしで、いいところだった。分譲住宅を買って永住しようかと思ったほどだ。長女は群馬大学教育学部附属小学校に、長男は共愛学園幼稚園に通っていた。生活基盤がここにできあがりつつあった。

その年の夏、「東京本社社会部へ」と辞令が出た。あまり気が進まなかった。まあ、これもサラリーマンの宿命か。社会部は警視庁か司法記者クラブを担当させるつもりでいると聞いた。多分、激職であろう。嫌気がさした。

前橋を去ることが決まり、連日、記者クラブ、県警、県庁、飲み屋のママさんらが送別会を催してくれた。このころ、上越新幹線が開通したばかりだった。それも上野乗り入れはまだできておらず、大宮までだった。上州への高速鉄道、高速道路は延伸途上にあった。

東京・駒込の会社寮に移り住んだ。当時、東京・品川にあった東京本社に行くと、社会部長が「司法記者クラブを担当してほしい」と言ってきた。「やっぱりそうか」。でも何も分からない。仕方ないので「あ、そうですか」と応じた。とりあえずクラブに行こうとしたが、地下鉄の乗り方も忘れてしまっていた。やっと東京・霞が関の司法記者クラブに着いた。東京地裁・高裁の建物の二階にあった。初年兵は検察を担当するらしい。「そうですか」と言うしか言葉はなかった。

三十五歳だった。検察庁舎は古いオンボロ建物だった。八階と五階部分までの棟でできていた。暗い。東京地検次席検事の会見が毎日午前、夕方とあった。次席はあのロッキード事件の吉永祐介。イミュニティー（刑事免責）がどうのこうのとか、ちんぷんかんぷん。周りの記者は話に応じて質問していた。たいしたものだ。

夕方からは夜回り。どこを回ればいいのか分からない。とりあえず特捜部長の自宅を回った。特捜部長は河上和雄（故人）。どこを回っても話がないのだから軽くあしらわれるだけ。

萎縮し、いじけていても仕方ない。少しは事件に接近しようと心掛けた。新薬産業スパイ事件が展開された。その跡を追った。筆者が検察担当になる直前に検察が手掛けていた事件だ。

ロッキード事件後、検察は開店休業状態にあった。元首相・田中角栄は被告の身ながら、キングメーカーとして君臨していた。検察は田中裁判で負けたら致命傷を負うと、法廷戦略に血まなこになっていた。新たな事件捜査を手掛ける余裕などなかった。自民党もあの手この手で検察に圧力を加えてきた。政治家案件などは手の出しようもない。検察冬の時代にあった。

そんなころの一九八三（昭和五十八）年三月、横浜地検から東京地検特捜部に配属されたのが熊﨑勝彦だった。熊﨑は「やるぞ、と意気込んで特捜に来た。検察官生活で一番うれしい異動辞令だった」と振り返る。

しかし、ロッキード裁判で疲弊していた検察は、眠りの状態にあった。特捜部検事は告訴・告発案件を処理する程度の仕事ぐらいで、無聊《ぶりょう》をかこっていた。

その年の夏、熊﨑は告訴案件のペーパーをめくっていた。「どうせ、ものになるものはないだろう」と捌《さば》いていたところ、ふと、気になる一通があった。国立予防衛生研究所（現・国立感染症研究所）をめぐる案件だった。今、デング熱、エボラ出血熱などの解析、アナウンスで知られる感染症の研究機関だ。

告訴状の要旨はこうだった。「研究所の技官が、医薬品開発において試験をしないまま製薬会社に合格書を渡していた」。事実なら虚偽公文書作成に当たる。熊﨑は一人で内偵捜査を始めた。

当時の特捜部はロッキード事件虚脱症にあった。熊﨑が同僚らに伝えたものの「たいした事件じゃない」「どこかに伸びる要素はありそうにない」と注目もされず、冷たい声が返ってくるだけだった。

周囲が小さい事件と言おうと、犯罪は犯罪である。熊﨑はこつこつと捜査を続け、同年秋、技官を逮捕した。技官を取り調べ中、自宅などの家宅捜索部隊から奇妙な報告が入ってきた。「彼の家には写真というものがないんですよ」

普通なら記念写真の一枚くらいあるはず。何か引っ掛かった。熊﨑は技官を問い詰めた。技官は窮して「データが、データが」と繰り返した。さらに追及すると、技官はデータを製薬会社にこっそり渡していたと供述した。見返りに旅行などに連れていってもらい、一緒に写真を撮ったが、製薬会社との関係がばれないよう写真を処分したということだった。

技官は研究所の研究者がロッカーに保管していた製薬会社の新薬製造承認申請資料を盗み出し、ほかの製薬会社三社に横流ししていたのだ。

熊﨑は贈収賄の要素が潜んでいると考え、捜査の主任検事になった石川達紘《たつひろ》に報告した。石川も贈収賄と見立てた。しかし、副部長だった山口悠介（故人）は「ばかもの。贈収賄じゃない。窃盗だ。それもとんでもない産業スパイ事件だ」とどやされた。

大手製薬会社に依頼され、資料を盗み出して提供していた新薬産業スパイ事件。事件の奥深さが予想された。捜査体制を整え、本格捜査に入った。

窃盗容疑で製薬三社の担当者らを逮捕し、捜査を突き上げた。事件の頂点にいたのは某製薬会社の役員。「抗生物質の父」と呼ばれる人物だった。彼が指示していたという言質《げんち》を取り、逮捕した。これで産業スパイ事件捜査は終わった。東京・小菅の東京拘置所には調べ室が十七あったが、ロッキード事件以来の満杯状況になったという。

被疑者らの供述や押収品の解析から事件は新たな展開を見せ始めた。製薬会社と研究機関、病院との癒着だ。製薬会社が医薬品納入を求めて賄賂攻勢などをしていた構図だ。国立衛生試験所（現・国立医薬品食品衛生研究所）、防衛医科大学校病院、札幌逓信病院、その他国立大学病院などが関与していた。久しぶりの汚職事件に発展した。

一連の事件で製薬会社幹部、医大関係者ら十二人を起訴し、事件は終結した。

ロッキード事件以降、検察は一九七九（昭和五十四）年、ダグラス・グラマン事件を捜査開始宣言の鳴り物入りで着手したものの、政界に手が届くことはなく、不首尾に終わっていた。こうしたなかでの新薬産業スパイ事件の摘発は、国民に特捜部健在を示す結果につながった。

新聞は連日一面で報道した。地方支局にいたとき、筆者が書く原稿は地方版のトップになるか、たまに社会面に顔を出す程度だった。東京はすごいところだ。当社も他社も平然と一面原稿を書いている。大変なところに来てしまった。

＊

本書には熊﨑勝彦の名前が頻繁に登場してくるので、簡単に横顔を見ておく。

一九四二（昭和十七）年、岐阜県萩原町（現・下呂市）生まれ。明治大学法学部卒業後、司法試験に合格して検事任官。地方の検察を回り、東京地検特捜部に配属される。特捜部副部長、特捜部長を務め、リクルート事件、共和汚職事件、金丸脱税事件、金融機関利益供与事件、大蔵・日銀接待汚職事件などを捜査した事件屋検事である。最高検公安部長を最後に退官し、弁護士登録。現在は日本プロフェッショナル野球組織コミッショナーを務めている。

＊

二　沈没船を引き揚げよ

東京地検特捜部が新薬産業スパイ事件で取り込み中の一九八三（昭和五十八）年九月ごろ、検察に一通の告発状が舞い込んできた。千葉県勝浦沖で海上起重機船（二百トン）が沈んだ。船には保険金がかけられ、支払い済みになっていた。故意に船を沈めた保険金詐欺の疑いがある。船は衆院議員(埼玉県選出、故人)の関連会社が所有しており、詐欺に関与していたのではないか――そんな内容だった。

当時の横浜地方海難審判庁は「曳き船と沈没船双方による過失事故」と結論していたが、特捜部は再捜査の価値があると見て、告発を受理した。特捜検事は「政治家」「贈賄」という文字に目が張り付く。検事のなかには俄然、大きな事件になると期待し、「特捜は千葉に前線を」と意気込んだ。当時のある検事は「ほかにやることもなかった。いい事件になると思って飛びついた」。一通の告発状を頼りに内偵捜査に入った。

東京新聞司法記者クラブの同僚記者が情報を聞きつけ、密かに取材を始めていた。検察担当初年兵の筆者は、同僚から話を聞いて関心を抱き、勉強材料にと顚末を追い、よちよち強面《こわもて》集団の取材に入った。検察組織、法律など勉強したこともないので、検事は本題に入る前に「勉強してこいよ。それじゃー」と言い捨て、終わり。

事件後の取材も含めると、こんな出来事になる。一九七八(昭和五十三)年十一月十二日、千葉県・館山のドックを出て宮城県・女川《おながわ》に向かおうとした海上起重機船が出航して間もなく勝浦沖で沈んだ。船には一億二千五百万円の保険金がかけられていた。船が沈むような天候ではなく、沈み方にも不自然さがあった。故意の沈没が想定された。

一九八四（昭和五十九）年二月から本格捜査が始まった。捜査体制は、のちに検事総長になる松尾邦弘が主任、ほかの検事は熊﨑勝彦、中井憲治（のちに特捜部長）ら四～五人だった。

検察事務官で構成される特捜資料課が故意に沈めた形跡を掴んできた。保険金も支払われ、そのカネが別の人物に移動していたことも分かった。周辺捜査は大きな収穫をもたらし、解明は進んだ。

一九八四年春ごろに作成された検察内部資料などを参考に、判明事実を紹介する。

「昭和五十三年十一月十二日の午後八時過ぎ、千葉県勝浦沖で海上起重機船が沈没した。船体部の弁を開けて故意に沈没を図ったとみられる。保険金一億二千五百万円は支払われていた」

「沈没時、乗組員らは曳き船に逃げ込んだ。起重機船は自航式だった。曳き船を同行する必要はなかった。沈没に備えた措置だったと思われる。事故などで沈むときは通常、水しぶきを上げて沈降していくが、一挙に沈んでいる。救難信号の発信もなかった」

検事らは故意の沈没と判断した。保険金詐欺の要素が強いとして、捜査方針を固め、船体を確認し、沈没工作の実行行為者の取り調べ、家宅捜索実施の段取りを整えた。そして、その先に政治家の姿を見据えていた。

しかし、肝心の船がない。一番の証拠物である。「船を探せ！」。特捜検事は同年夏前、海上保安庁の協力を得て船体確認作業を行った。三次にわたり、十九日間かけた。特捜検事が海に出た。しかし、沈没から五年半が経過し、ソナー（音波探知機）は、海藻なのか岩なのか、はたまた船なのか識別できない。海域一帯を探るスキャンサイドソナーを使ったが、海は広すぎた。水中カメラも海域が広すぎて活用できない。潜水は水深四十メートルが限度。結局、見つからなかった。

船酔いだけを手土産に下船した。過酷労働はむなしく終わった。「宿泊していた民宿に戻り、うまいカツオ料理を食べ、酒を飲むことだけが慰めだった」とは捜査担当検事。

船は見つからないが、状況証拠でいけると考えた。まず、船を沈めた実行行為者の本格聴取に着手する予定だった。当時の捜査陣は「本格聴取は即、逮捕を意味する。船が見つかっていれば完璧なのだが、これまで調べた材料をぶつけ、認めれば次の展開に進む段取りだった」。

検察上層部に具申した。しかし、韓国の全斗煥《チョンドゥファン》大統領の訪日を控えているとか、皇室の行事があるとかの理由で中止を指令してきた。船を発見できないという証拠の問題もさることながら、筆者が思うに、背後に政治家の影があることから、ロッキード事件の後遺症で政治家摘発に及び腰だったのだろう。

おろおろと検察取材に回っていた筆者。一九八四年秋、当時、次席だった吉永祐介の部屋を訪ね、サシで話をした。吉永は「保険金詐欺だと言って勝手に捜査をやっている。まことにけしからん。船が見つからなければどうにもならないじゃないか」と怒り顔だった。捜査を督励する幹部、冷ややかに見る幹部、証拠欠如を指摘する幹部。反応はさまざまだった。

後日、捜査主任だった松尾を取材した。「結局、船は出なかった。ゴーサインも出ない。かなり証拠はあった。死体なき殺人事件というのもあるのだから、やってやれないことはないと思った。ただ、バッジ絡みだったからね。慎重だったのかもしれない。僕は特捜の主力部隊を半年以上も引っ張り、事件にならなかった。その責任を取って辞表を出そうとした。まあ、慰留されてとどまりましたがね」

沈没船疑惑捜査は断念を余儀なくされた。憤慨する検事、涙を流す検事。造船疑獄事件のときは、自由党幹事長だった佐藤栄作を指揮権発動で逃したとき、昭和維新の歌が聞こえたという。そんな心境だったのだろう。捜査ストップを理不尽と受け止め、何人かの検事が辞職した。

当時、特捜部の財政経済班にいた石川達紘が、沈没船疑惑の告発処理のため最終捜査をした。

「僕は捜査に直接タッチしていないけど、松尾さんとクマちゃんが熱心にやっていた。捜査の中止指令があって、紛議が起きたね。辞めた検事もいた。告発が出ていたので、その処理をした。部下を使って再捜査したが、船が出ないのではどうにもならず、不起訴処分にした」

新聞は政治家絡みの疑惑として取材に動き出し、ナゾの沈没船事故として扱ったが、政治家が関与を否定する報道などを掲載しただけで、いつしか紙面から消えてしまった。

このころ、小針暦二（故人）が率いていた福島交通グループをめぐる巨額の使途不明金問題が発生していた。小針は当時、「東北の政商」と言われていた。日本債券信用銀行（現・あおぞら銀行）から巨額融資を受け、政界への流用が指摘され、政治献金疑惑が国会で追及された。内偵していた特捜検事がいた。これもある検察幹部の「銀行をいじれば取り付け騒ぎが起きる」でストップになった。政治家捜査と金融機関事件には腰が引けている時代だった。捜査は一直線では進まない。

三　取材のヒント

何やら少しずつ東京の記者稼業の生態と対応が分かり始めてきた。逃げていないで正面からぶつかってみようかという気になった。生意気だが、「事件取材かくあるべし」という固陋《ころう》を破ってみようかとも考えた。

検察担当になって事件勃発当初からかかわったのが大手ミシンメーカー・リッカーの粉飾決算事件、撚糸工連事件などだった。なかでも強く印象に残っているのが撚糸工連事件である。

日本撚糸工業組合連合会による撚糸機械の廃棄に伴う助成金目当ての詐欺事件だった。捜査はロッキード事件以来の政治家摘発に至った。

最初は、一人の検事が黙々と東京下町にあるシャツ会社の高度化資金詐欺を追っていた。そして一九八五（昭和六十）年、シャツ会社社長らを詐欺の疑いで逮捕した。繊維不況のなかでの資金調達が目的だった。

司法記者クラブの記者がどういう取材作戦を展開しているのか見当がつかなかった。それでもなんとか東京・墨田区のシャツ会社にたどり着き、取材に向かった。すると、社長は激怒して何か物を投げてきそうな雰囲気だった。話を聞く間もなく退散した。

話はいきなり二〇一四（平成二十六）年春に飛ぶ。NHKの司法担当だった小俣《おまた》一平と朝日新聞（事件当時は毎日新聞）の村山治と東京・神田の九州料理屋で飲んでいた。四方《よも》山《やま》話をしていたときのこと、小俣は「僕なんか、何かあると思って聞き出したけど、やっとトリの字が付く事件とだけ判明した。それで、浅草だったか上野だったかにあった『食鳥協会』の汚職事件だと勝手に思い込んで、名簿まで手に入れて取材に回っていた。あとでキャップに笑われましたよ」。シャツ会社の社名にはオシドリが付いていた。

村山も「そうだったね。僕もトリというキーワードは摑んでいたけど、何のことか分からなかった。小俣さんと一緒に『今度はトリらしいね』なんて話していたよね」。

小俣は昔話を続けた。「産経の名雪さんが一番脅威でしたね。シャツ会社の事件に関連して贈賄側と収賄側が向かい合った宴会の写真を一面で掲載した。とにかくすごい記者だと思った」

名雪雅夫は撚糸工連事件の入り口を取材し、本格捜査に入る直前にロス疑惑の取材で米国に赴いた。その後、モスクワ支局長、外信部長など海外取材方面に向かい、副社長になった。

二〇一四年二月、肺がんのため六十四歳で死去した。生前、何度も飲んだ。端正な人だった。ロシアのウオッカの話、ソ連崩壊のときの特ダネ写真の自慢。亡くなる直前、会社を辞めると言う。死期を悟っていたのだろうか。

村山は大阪、京都、福井など関西方面で事件取材を担当し、検察、警察、調査報道で数多くの特ダネを残している。東京に来てからは警視庁、検察など事件担当ひと筋。その後、毎日新聞から朝日新聞に移籍し、社会部遊軍として調査報道を手掛けている。

小俣はNHK時代に警視庁、検察などを担当し、粘り腰の取材と豊富な人脈を抱える事件記者だった。テレビの最大課題が一報入手。小俣の速報テロップが早いことには驚くばかり。それで取材に走った記者も多い。他社も舌を巻いた。夜回り先の玄関前で朝まで寝込んだことも伝説になっている。退職後、東京都市大学で教鞭を取っている。

名雪の後任がこれまた特ダネ記者として知られる宮本雅史。「名雪さんのあとに検察を担当したけど、キャップ、裁判担当、検察担当の小生と、三人だけ。最初のころは大変なところに来たものだと思った。黒くてフサフサの髪の毛が真っ白になった」と振り返る。

さて、話を事件に戻す。撚糸工連の不正はシャツ会社の事件と同じ構造だった。撚糸業界は過剰設備をスクラップしたように偽装し、転業のための高度化資金を国から詐取していた。事件はシャツ会社から撚糸業界の不正につながった。

捜査の指揮官は副部長になっていた石川達紘。一九八六（昭和六十一）年二月、特捜部は撚糸工連の理事長らを逮捕した。三月には廃棄事業に便宜を図ったとして通商産業省（現・経済産業省）課長を収賄容疑で逮捕した。

このころ、石川は毎日、国会議事録をめくっていた。衆院商工委員会で審議された撚糸機械の過剰設備廃棄事業をめぐるやり取りだった。同年四月、商工委員会で撚糸工連に有利な質問をし、現金を受け取っていた当時の民社党国会議員を受託収賄容疑で事情聴取した。続いて質問を依頼して賄賂をもらっていた自民党国会議員を収賄容疑で事情聴取した。間もなく二人を在宅起訴し、撚糸工連事件は終結した。

撚糸工連事件は、ロッキード事件以来十年ぶりに国会議員を訴追した。検事総長は江幡修三（故人）から伊藤栄樹《しげき》（故人）の時代だった。伊藤は政界捜査に慎重な人だった。検察が国会議員、金融機関、大蔵省（現・財務省）を聖域視している時代だった。そんな空気をこの事件が破った。ただ、国会開会中とはいえ、国会議員二人に身柄逮捕のない在宅起訴を適用した。逮捕許諾請求も可能だったはずである。その一方、この事件に関連した自民党国会議員の私設秘書の方は証拠隠滅容疑で身柄逮捕した。なんとなく割り切れなさも残った。

石川が当時を振り返る。「何かをやっていなければ特捜はもたない。部下の一人がシャツ会社の廃棄事業詐欺事件を捜査していた。次につながると直感した。見込み通り撚糸を摘発し、通産省課長を収賄で逮捕した。そして、国会議員が賄賂を収受している図式が分かった。政治家は収賄額が二百万とか五百万円だったので在宅起訴にした。不平等と思われるかもしれない。しかし、ロッキード事件以降の政治家対応には慎重だった」

この事件取材で筆者は北陸、神戸、福山などあちこちを歩いた。夜汽車から夜汽車である。北陸では起訴前の国会議員周辺を訪ねた。すると、彼の奥さんが自転車で新聞を配達していた。なんと健気なことか。でも、「家族は関係ない」と考え、記事にはしなかった。のちに述べるが、国際航業事件で豪・シドニーに取材に行き、家族の居所を掴んだが、接触はしなかった。奥さんが自殺した前橋での重油タンク殺人事件が頭にあったからだろうか。

＊

石川達紘もこれから本書に何回か登場願う。略歴を記そう。一九三九（昭和十四）年生まれ。山口県東部の大和町（現・光市）出身。特捜部検事、同副部長、特捜部長、東京地検検事正などを歴任し、名古屋高検検事長で退官した。かかわった事件は数知れない。ロッキード事件、撚糸工連事件、金丸脱税事件、金融機関利益供与事件、大蔵・日銀接待汚職事件、防衛庁背任事件などだ。

石川は撚糸工連事件について「今度の事件では部下が端緒を掴み、一人でこつこつと調べていた。小さな事件だが、その向こうにあるものを見渡していた。掘り起こしたものを自己の責任で捜査する。だめになってもいい。こうした積み重ねが捜査力を鍛え、同時に事件の怖さを教えてくれる」。

＊

一九八五年前後は事件や事故が目白押しだった。群馬県・御巣鷹山《おすたかやま》に日航機が墜落した。ロス疑惑、投資ジャーナル事件、大手ミシンメーカー・リッカーの粉飾決算事件、撚糸工連事件、大手商社による融資詐欺事件、また、次節で述べる平和相互銀行事件など大型事件が相次いだ。そしてバブル景気、カネ余り現象による土地、株ころがしがこのころから始まった。特捜部は複数事件を同時並行で捜査し、検察庁舎の灯りは夜中まで消えることはなかった。

四　屛風事件

東京地検特捜部は撚糸工連事件と並行して旧平和相互銀行の不正融資事件を仕込んでいた。検事らは撚糸工連事件の終了と同時に強制捜査にかかる予定だった。神戸のゴルフ場用地売却と融資をめぐる特別背任容疑を突破口にする段取りだった。土地が神戸市屛風地区にあることから「屛風事件」と呼ばれた。

一九八六（昭和六十一）年五月、特捜部は着手報告を上層部に上げた。すると、「七月に衆参同日選がある」。着手延期指令だ。撚糸工連事件で二人の国会議員を起訴したばかりの特捜部には勢いがあった。その日を目がけて緊張を高めていた。しかし、水を差された。検察旧庁舎五階の特捜部屋ではひっくり返って抗議する検事もいたという。混乱である。検察お家芸の血判状騒ぎの気配もあった。特捜部長になっていた山口悠介が上層部から一札を取り、仕切り直しをさせることで落着した。

着手は七月六日になった。ダブル選挙投票当日の日曜日に敢行された。平和相銀旧役員らが特別背任容疑で逮捕された。選挙の投票日にぶつけてきたのだ。選挙前はないと言っていたのに……。

当日の朝刊に「今日にも強制捜査」が二〜三紙に載っていた。ガツンである。日曜日の昼下がり、新橋のウナギ屋でウナギ弁当を買い、記者クラブでキャップらと昼メシにしたが、ウナギの香りは感じず、甘じょっぱさだけが残った。ＮＨＫの小俣一平は数日後、検察庁舎地下の床屋で頭を丸めた。

筆者は、前夜、東京・四谷で某テレビ局の記者と飲んでいた。「明日は絶対にないよね」などと安心して帰途についた。でも、やはり気になるので法務省の中堅幹部の自宅に電話した。本人は床についていたらしく、奥さんが出た。「投票日前はないと言っていましたよ」

「前は」を強調していたので、あらためて週明けと確信した。それが、投票日。抜かれてから電話すると、奥さんが「だから言ったでしょうよ。投票日前はないって」。なるほど

「投票日の〝前〟はない」。投票日とサジェスチョンしてくれたのだ。間抜けである。

あとで気付いたのだが、投票日にぶつけたのは、どうも検察上層部の工作らしい。翌日朝刊紙面は選挙新聞になる。事件関連は薄くなる。平和相銀事件捜査のその後の縮小展開を見ると、早い手仕舞いを考えてのことだったのではないか。そう勘ぐらせた。

ともあれ、あちこち取材して溜めた予定稿を打ち始めたが、むなしい。初報を外せば、三位決定戦にすぎない。当時は今と違って初報、一報の価値は神棚ものだったのである。

不正融資額は百十六億円に上った。検事たちは不正融資と同時に政治家に迫るつもりでいた。ところが、事件は同年八月十二日、旧経営陣らを追起訴し、突然、幕が下ろされてしまった。というより、上層部からの「これにて一件落着」という捜査終結宣言だった。事件は平和相銀関係者の訴追だけで終わった。

まだいくつも疑惑が残されていた。平和相銀株取り戻しのため、金屛風「時代行列」の買い取りに四十億円を支出し、一部が自民党の大物政治家に渡っていたという疑惑もあった。この金屛風、筆者はかつて持ち主だった企業経営者に購入時の価格を尋ねたことがある。「億もいかなかった。五千万円ぐらいだったんじゃないか」と話してくれた。疑惑はまだあった。鹿児島県の無人島・馬毛島《まげしま》を防衛庁の水平レーダー基地として国に買い取らせようと画策し、右翼関係者を経由して政界にカネが流れていたという話だった。捜査検事らは着々と証拠を集めていたが、〝天の声〟が下された。覆水は盆に返らなかった。

平和相銀は捜査によって乱脈経営のひどい実態が明らかにされた。自社株も取り戻せず、自主再建は困難となった。東京進出を狙っていた住友銀行の軍門に下ることが決定付けられた。そして、同年十月一日、住友銀行に吸収合併された。

住友銀行の東京進出を実現させるための検察、大蔵省による国策捜査だったと見る者は多い。だから、捜査は平和相銀内部の不正を暴くだけで足りたのだった。あちこち広がれば、収拾がつかなくなる。歪んだ捜査と言えるのではないか。

当時の捜査関係者はこう言う。「関西検察と住友銀行は昵懇《じっこん》の間柄だった。事件を伸ばせばどこに飛び火するか分からない。そのうえ、平和相銀の財務状況伝票などを大蔵省は出さない。大蔵省に差し押さえ令状を持っていくなんてことはできなかった。大蔵省と金融機関は強かった。一方で疑惑の多くは証拠がそれほど濃くなかったのではないか。捜査終了はこうした事情からだったと思う」

まあ、とにかく終わった。終結宣言があってから司法記者クラブは虚脱状態になった。それでも「本当に終わったのか」と疑心暗鬼も残ったが、住友銀行との合併が本決まりになり、その疑問もなくなった。夜には記者同士が東京・新橋あたりの赤ちょうちんで一杯やりながら、不発捜査による取材の無駄をぼやいていた。

五　司法記者クラブ

東京・霞が関の東京地裁・高裁二階に司法記者クラブがある。各ブースに十五社がそれぞれ収まっていた。どこのブースもアコーディオンカーテンをぴしゃりと閉め、なかでの話はヒソヒソ声で聞こえない。冷たい刑務所のような雰囲気だった。司法記者クラブ詰めの記者は裁判所、弁護士会も担当する。社によっては政治部の持ち場である法務省取材を掛け持ちするところもある。どこも忙しくしていて、いつも何か原稿を書いている。ソファーで居眠りするのんびり屋はいなそうで、廊下を歩く姿も緊張感を湛《たた》えていた。

当時の検察担当は、朝回りを終えると、午前と夕方に開かれる次席検事の記者会見に出る。次席と記者の双方から事件の本質に関する話が出ることはめったにない。雑談か、沈黙だ。次席は話題を提供しようと、大リーグ観戦の話などを持ち出すが、時間の無駄だ。ある次席検事は時間を持て余して、片方の革靴を脱ぎ、靴を顔に近付けて眺め回している。記者同士の酒席で、ある記者がこの仕草を真似た。特徴をよく捉えていて、笑いを提供してくれた。現在は次席の定例会見が木曜日夕方の開催で、あとは個別の対応になっているという。

筆者の時代は、次席会見が終わると特捜部長室、副部長室などに流れた。そこでも不毛なやり取りが続く。「あの事件は」「明日は」なんて聞く記者はいない。そんな野暮な質問をすれば顰蹙《ひんしゅく》を買うだけだ。

昼間の空いている時間は事件に関係する人物、企業などの外回り取材をし、夕方からハイヤーで夜回り。車のなかが唯一の休息場。優雅とはほど遠い生活になった。

夜回りのことだが、検察幹部を自宅前で囲んでもまた沈黙。本題には誰も触れない。当たり前だ。他社に手持ちを知られるだけだからだ。たとえば、大型事件のXデーが近付いているとすると、石川達紘は「あした、あさっては百二十パーセントない」が口癖だった。その言を信じる者はいなかった。

ともかく酒の席が多かった。当時は午後五時を回ると庁舎内で酒盛りが始まった。特捜の幹部部屋では記者も加わって飲むことがあったが、検事は強い。夜回りの自宅で酒になることも多かった。酒をたしなまない検事はいなかった。しかし、事件の核心に触れる話は酔っても出なかった。

司法記者クラブには各社の凄腕のエリートが集まっていると聞いていた。警視庁や関西検察で鍛えた猛者《もさ》ばかりだった。そこに放り込まれた。とても歯が立たない。しんどいだけだ。こりゃだめだと悟った。楽しみは食べること。仕事の滞留時間が長く、一日四食から五食も摂取した。東京・虎ノ門のスパゲッティー店「ハングリータイガー」で特大大盛りを注文するが、それでも足りないくらいだった。体重はみるみる増えて八十五キロになった。今は、がんを患って六十キロもないが。

記者クラブの陣容はまちまちだった。七〜八人のところがあれば三人のところも。日経新聞はキャップ、裁判担当、検察担当の三人だった。特捜部案件は経済事件が多いだけにてんてこ舞いだったという。当時、検察担当だった坂口祐一は「入社して二〜三年目ですよ。抜かれた思い出しかないです。僕の場合は司法担当のあと、警視庁です。通常のコースは警視庁から司法記者クラブ。だから、〝逆送致〟と言われましたよ」とひょうきんに振り返る。坂口はその後、警察庁も担当し、今は論説委員として活躍、事件の真相を解きほぐす記事で高い評価を得ている。

テレビ記者も今ほどの賑わいはなかった。TBSの杉尾秀哉は「司法記者クラブの人員は当時、三人だった。新聞に追い付くのが精いっぱいだった。テレビに事件取材をこなすノウハウがまだなかった時代でしたからね」。

司法記者クラブに女性記者の第一号が現れたのもこのころだった。日本テレビの笹尾敬子がそうだった。今は業務監査室長という堅い役職に就いている。「警視庁担当から確か、撚糸工連事件のころに司法記者クラブの担当になりました。かわいがってくれる検事、『女かよ』と言う検事、さまざまでした。竹下登元首相の関係者が亡くなったとき、島根県のお墓に行き、お墓の陰で取材対象を待っていました。すると、『寒いでしょう』と家に招いていただき、話を聞かせてもらいました。懐かしいですね。失敗もいっぱいです。ある事件の被疑者の聴取日時、聴取場所を割り出し、本人が現れたのはいいけど、カメラにフィルムが入っていなかったりして。まあ、大変なところでしたよ」

その後、司法記者クラブにはテレビも新聞も女性記者が格段に増えた。警視庁記者クラブも同様だ。検察庁から出たガサ入れに向かう車を追いかけた女性記者、検事が乗った通勤電車に箱乗り（同乗）してネタをぶつけた女性記者。

ある事件の最中に特捜幹部検事の自宅郵便受けに女性記者のメモが入っていた。「約束を破って、もう命はありません。裏切ってしまい、お会いすることもできません」。〝まだ早い〟と言われた事件を報道でもしたのだろう。出入り禁止を覚悟しての殊勝な弁だった。しかし、彼女は二〜三日もすると、何事もなかったかのようにケロッとしてこの検事部屋にやって来る。検事は「たくましいね」と口をあんぐりしたという。

さて、夜回りや事件が終わったあとは、ほっと居酒屋に参集する。検察幹部が加わることもある。まあ、雑談です。事件が終結していれば、まだ明らかにしていない持ちネタを披露する。みんなよく取材している。自分だけが知っていると思ったら大間違いだ。

五〜六人の集まりはさらに細分化して二〜三人になる。「平相銀事件は再度捜査になると思う?」「まず、無理だな」「いや、現場の検事には鬱憤《うっぷん》が溜まっている。爆発するかもしれないよ」などと談義して四時ごろ帰って寝る。待たせたハイヤーを忘れ、タクシーで帰ってしまうこともあった。

こんな生活は長続きしないだろうなー。もう、生き馬の目を抜く取材合戦にはついていけないいだろうなー。そんな思いに襲われ始めていた。

エピソード

特捜部長の谷川岳登山

当時、特捜部長だった山口悠介さん。当時の記者たちが集まると、異口同音に発するのが群馬県・水上温泉旅行と谷川岳登山のこと。山好きの山口さんが提案した一九八五(昭和六十)年八月十三日の旅行会でした。でも、前日、日航ジャンボ機が群馬県・御巣鷹山に墜落しました。いいのかなーと思いつつ、ほとんどの社が参加したのです。

温泉旅館に宿泊し、翌日は登山。日本テレビの笹尾敬子さんは「山口さんに山頂で何かしゃべられたら困るので」と参加したという。共同通信の記者はとりあえず参加して、その足で御巣鷹山に向かったそうです。朝日新聞の村山治さん(当時、毎日新聞)は「僕は行かなかった。集団取材はあまり好きじゃなかった。それより、墜落の日は宿直でそのまま現場に直行ですよ。革靴で山を彷徨《ほうこう》し、よれよれになりました」。

山口さんの官舎は東京・中野区の新井薬師にありました。逮捕人数を誇る方で、そこにはあまりいい響きを感じませんでした。しかし、頭脳明晰、心は少年のような方でした。官舎回りのあとは近くのスナックで記者同士飲み会になることもありました。山口さんも参加したことがあり、自慢のアコーディオンを持参して弾いてくれました。飲み、歌うに連れ、記者の踊りが始まる。名物はＴＢＳの杉尾秀哉さんの裸踊り。次いで産経新聞の宮本雅史さんが三波春夫の俵星玄蕃《たわらぼしげんば》を唸り声で披露する。事件を忘れて騒ぎ、朝が来たのです。

第三章

匍匐前進の日々

一　出入り禁止

ところで、検察で取材できるのは副部長以上に限られる。ヒラ検事や検察事務官との接触はご法度《はっと》だ。庁舎内ですれ違いざま、あいさつしただけでもだめ。出入り禁止が待っている。しかし、ヒラ検事が未加工ながらナマ情報を握っている。

さまざまな手法で接近する。上司を囲んだ酒席、支局時代のツテ、これから特捜部に配属されるかもしれない検事。自宅玄関のピンポンを押す。対応してくれるか、通報されるか。ばれると検事自身も咎《とが》められる。

各社ともあの手この手でヒラ検事に接近していた。関西から単身赴任していたヒラ検事の官舎前に立っていた記者。特捜資料課の検察事務官を籠絡《ろうらく》した記者。大学の後輩という触れ込みで接触する記者。

ヒラ検事からの情報は未成熟である。それが精選され、上層部に上げられて確定情報に昇華する。だから現場情報で記事を書くわけではないが、下準備、周辺取材のためには不可欠だ。最新情報を求めて一線検事と接触するのである。

筆者はまず、前橋時代に知り合った検事にアタックした。また、検察幹部からこっそり紹介されたヒラ検事と一献《いっこん》傾けたこともあった。さらに、次期異動で特捜部に配属される予定の検事を割り出し、先回りして接触したこともある。リクルート事件前のことで、当時、東京・北区にあった検察庁第二庁舎（今は霞が関に合流して閉鎖）の刑事部にいた検事で、特捜部財政経済班に行くというので、彼の上司に橋渡しを頼み、第二庁舎で会い、顔見知りとなった。弁護士になった今もお付き合いいただいている。

出入り禁止になったことは何度もある。あるとき、真面目そうな特捜ヒラ検事の自宅に行った。自宅は東京・港区にあった。ところが彼は翌日、「こんな記者が来たのですよ」と上司に報告したらしい。悪気はなかったようだ。特捜部長の山口悠介は、小生の名刺を手にヒラヒラさせ、特捜部出入り禁止を通告してきた。一～二週間で解除になったと思う。

出入り禁止のペナルティーには当時、段階があった。特捜部、東京地検、全検察庁出入り禁止などである。検察庁舎に入る際、出入り証を見せると、「〇〇社ですね。入館はできません」ということもあった。

忘年会だか何だかで知り合った特捜ヒラ検事とはなんとなくウマが合い、東京・大久保の官舎をこっそり訪ねるようになった。役人用の官舎だからほかの検事も住んでいる。訪ねる前に電話をしておくと、奥さんがドアを開けて、早く、早くと手招きをしている。部屋では四方山話と酒盛りだ。

ある脱税事件で被疑対象の会社名が分からないので、財政経済担当のヒラ検事宅のドアを叩いた。出てきたが、すぐドアを閉めようとする。すかさず足をドアに挟み、「明日やるのでしょう。場所ぐらい教えてよ」。やっと会社名のイニシャルだけを確保した。

出入り禁止制度は今も生きている。「近く強制捜査」などの前打ち報道や飛ばし記事を掲載すれば、その事件処理が起訴などで終わるまで特捜部長、副部長取材は禁止になる。最近では医療法人・徳洲会グループによる選挙違反事件や前東京都知事・猪瀬直樹が徳洲会側から借り入れた資金に関する疑惑で、「逮捕へ」や「略式起訴」などの前打ち報道があった。出入り禁止が乱発されたらしい。相変わらずである。

二　吉永祐介の発案

出入り禁止制度を発案したのは吉永祐介だと言われている。ロッキード事件のあとのKDD事件のころからだという。吉永は捜査内容の外部漏れを極端に嫌った。

吉永はこう言った。

「ロッキード事件のときには、そんな処置を取ったことは一件もありません」「検察も記者も、お互いに巨悪の剔抉《てっけつ》という目的では気持ちがひとつでした」「お互いに信頼関係が強かった」「ロッキード事件のころは検察庁が（取材）対象であった。いわゆる遊軍というのが非常に弱かった」（いずれも一九九四〔平成六〕年の日本記者クラブでの講演記録から）

そんな吉永だが、実は、マスコミ忌避と同時にマスコミ活用も考えていた。あるとき、熊﨑勝彦が吉永のマスコミ対応を話してくれた。「吉永さんから『信頼できる記者を四〜五人選んで、頭に置いておきなさい。役に立つときがきますから』と言われた。新聞記者をお邪魔虫としていた吉永さんからは想像もできない言葉だった」。熊﨑はさらに「僕がヒラ検事のとき、特捜部幹部だった先輩は『記者は要注意だけど、うまく付き合えばメリットも多いよ』と言われ、記者がいる席に僕を呼んでくれた。水と油の関係だけど、長い付き合いの記者がいますよ」。

検事ら情報を持っている当局者は、マスコミに大きく取り上げてもらいたいとしゃべりたがることがある。自己の存在証明として話したがる性癖はいずこも同じだ。そして、検察はマスコミの考え、新聞社の評価を気にする。「うちの編集局長がほめていましたよ」。検察の心理を衝いて食い込みの材料にする手もよく使われた。

しかし、検事がこんなにも高慢ちきな態度にあるとは知らなかった。「おれたちが世界を動かしている」というエリート意識。人のいい検事もいるが、概して傲慢が目立った。

学生運動で逮捕され、送られたのが東京地検だった。旧庁舎のころである。検事だったか副検事だったかの調べを受けた。優しい検事だった。昼食にかつ丼をごちそうになった。釈放されて帰るとき、電車賃がない。二百円ぐらい借り、日比谷公園をとぼとぼ歩いた。そのあと、確か、検察の受付に返しにいったはずだ。まさか、ここが仕事場になるとは想像もしなかった。

しかし、特捜部の居丈高《いたけだか》は違った。そして生き馬の目を抜く司法記者クラブ。嫌になった。夜回りを放棄したい。車で夜回りに出掛けたが、東京・目黒の「とんかつとんき」で食事して早帰りしたこともある。ハイヤーの運転手さんには「一時の帰庫でね」。

前橋時代は幼稚園と小学生の子どもを連れて海や山に行った。学校行事にも参加した。休みはゴルフ、スキー。輝いていた。東京ではたまの休みがあればサウナに行き、マッサージをしてもらい、家に帰ってガーガー寝るだけだった。

それでも検察をぎゃふんと言わせたい、向こうからネタをしゃべらせたい。いろいろ考えた。取材方法の模索時代だった。

東京高検検事長で退官し、帝京大学の教授になり、その後亡くなられた藤永幸治《ゆきはる》。東京・中目黒の自宅に夜な夜な押しかけ、懇意にしていただいた。次第に他社の記者も訪れるようになった。帰宅を待つ間、我々は自宅前の駄菓子屋さんにたむろした。おでんがあったからだ。憩いのひとときである。冬なんかは入るなり、「おばちゃん、大根とコンニャク」。

そして「支局時代が懐かしいねえ」。よく出た話だ。時代を戻して少し支局生活を思い起こしてみよう。

三　支局勤務

中日新聞東京本社に入社し、一九七五（昭和五十）年ごろ、東京本社校閲部から埼玉県の浦和支局（現・さいたま支局）に配属された。取材記者生活の始まりである。

県警を担当し、県版を埋めるためのヒマダネ探しに歩いた。警察事件は所沢で女子中学生だったかが、殺された事件があった。そのほかはたいした事件はなかった。県警捜査二課長は亀井静香。偉そうだったのを覚えている。

デスクは毎日、「原稿、何かねーか。県版が空いているぞ」と吠えた。当時、通信部などを除いた支局の陣容は七〜八人だった。支局長もデスクも警視庁を担当した猛者だった。

原稿処理が終わると毎夜、宴会。筆者は浦和駅前の中華料理店でつまみの餃子、野菜炒めなどを購入する係。話は武勇伝、手柄話ばかり。「殺しの動機はね、痴情、怨恨、物取りだよ」なんてね。「犬が人を嚙んでもニュースにならないが、人が犬を嚙めば記事になるんだよ」「連合赤軍リンチ事件では、群馬県の山中から遺体が次々と出てきた。『地蔵峠に地獄を見た』なんて原稿を書いたな」。こんな話で夜はふけていった。

だから、支局には「お先に」なんて帰れる雰囲気はなかった。本を読む時間も遊ぶ時間もない。結婚して間もなく、まだ子どももいなかった。妻は東京を離れ、近所に知り合いもいない暮らし。夕食ぐらい一緒に食べたいと思ったが、とんでもなかった。東京新聞に限らず、こうした支局への長逗留生活が苦痛であるとして、異動を申し出た記者も多かったと聞いている。

このころ、東北・上越新幹線の建設工事計画が浮上し、与野市（現・さいたま市）などを通過するルートが候補になった。当初は地下ルート案だったが、地上ルート（高架方式）に変更された。当然のごとく振動、騒音発生への懸念から反対運動が起きた。取材は〝弱者〟側に立ち、住民の思いを伝えることに専念した。どのメディアも高速鉄道がもたらすメリットにはあまり言及しなかった。国鉄（現・JR東日本）は最高速度を百十キロに抑制することなどで開業にこぎ付けた。今でも大宮駅―東京駅間はその制限速度内で走っている。

住民運動などの取材を経験しながら、浦和支局を去り、千葉支局に向かった。

一九七六（昭和五十一）年からの千葉支局生活は成田空港闘争取材に明け暮れた。一九六六（昭和四十一）年に新国際空港が三里塚・芝山地区に決定され、以来、血みどろの闘争が展開されてきた。連日、成田詣でだ。三里塚・芝山連合空港反対同盟委員長の戸村一作の自宅取材や団結小屋、周辺住民を取材し、ジェット燃料貨車輸送ルートを歩き、逮捕された大量被告の法廷を取材した。成田漬けだった。

反対派が開港阻止のシンボルとして建てた岩山大鉄塔。一九七七（昭和五十二）年五月六日未明、機動隊が制圧するなかで大鉄塔を横倒しにした。前夜、父親が警察幹部という知人の動静を探って、ヒントをもらい、朝方、駆け付けた。まさに倒れようとしている鉄塔の写真撮影に成功した。

撤去の数日後、現地で大規模な反対行動が起きた。機動隊との衝突のなかで、支援の若者が頭部にガス弾を受け、二日後に亡くなった。東山薫事件と呼ばれた。死因をめぐり、ガス弾か模擬弾か旧型か新型か、はたまた水平撃ちか、などが論議になった。千葉地検の依頼で遺体の鑑定を行ったのが千葉大学法医学教室。担当教授の研究室や自宅に日参した。教授は丁寧に教えてくれた。頭部への入射角、陥没状態などから衝突物体の推定を試み、付着物の組成成分分析などを行っていると説明してくれた。

今ならどうだろう。奈良県の医師宅放火殺人事件で、家裁から依頼されて少年の精神鑑定を行った精神科医が、鑑定結果などをフリージャーナリストに見せ、秘密漏示罪に問われた。取材協力者への守秘義務問題は論議途上にある。ただ、フリージャーナリストが取材源を明かしてしまったことには異議を唱えたい。メディアの最大のモラルとされるのが情報源の秘匿である。守り切れなかったのはいかがだろうか。

東山薫事件で筆者は取材からガス弾を「旧型」と特定して報じた。追いかけた社も何社かあった。しかし、千葉大学からは「うーん、ちょっと違うかもしれないよ。そこまでの特定はできていないよ」。勇み足か、聞き違いだったようだ。優しく接してくれた教授で、聞いているうちに、教授の思いを「結果」として受け止めてしまったのかもしれない。

千葉大学法医学教室は頭部からガス弾の成分検出を行ったが、気化性の強い物質のため検出はできなかったとした。最終鑑定結果は「円筒形物体がやや斜め方向から当たった」とするにとどめ、弾の種類などの特定は避けた。ただ、民事訴訟の判決は「死亡はガス弾によると推認される」として賠償を認めた。

成田空港は翌年の一九七八(昭和五十三)年四月に開港を強行する予定だった。しかし、その直前の三月二十六日、管制塔占拠事件が起きた。開港前は連日、成田空港周辺のホテルか空港内の東京新聞ブースに寝泊まりしていた。ブースで夢でも見ていた朝方、外が騒がしいので玄関に出てみると、夢なのか現《うつつ》なのか分からないことが起きていた。

空港内をヘルメットの反対派が走り回り、装甲車のような車が行進し、火炎瓶があちこちで火を噴いていた。そして上を見ると、管制塔の窓ガラスが割られ、垂れ幕が下がっていた。管制塔に近付くと、機動隊員が短銃を水平撃ちし、壁に当たって跳ね回り、危なくて仕方なかった。引き下がったが、NHKのカメラクルーはひるまずとどまり、カメラを回し続けていた。記者魂を見せ付けられた。この事件では百六十人以上が逮捕された。

空港は開港延期となり、五月二十日に仕切り直し開港を果たした。その後、政府は開港決定、土地収用などに強引なやり方があったとして謝罪し、双方が折り合いの方向に動いた。今、成田空港から海外へ出掛けるとき、あの闘争も取材も、もう過去の出来事になりつつあり、感無量の思いに捉われる。

当時は〝金権千葉〟の呼称があるほど、汚職事件、選挙違反事件が相次いだ。千葉県開発公社（当時）汚職事件では副知事、町長らが逮捕され、選挙では買収行為が当たり前のようにまかり通っていた。二十六人が逮捕される選挙違反事件もあった。千葉県警捜査二課長はのちに警察庁長官になる漆間巌。汚職事件摘発に執念を燃やす人だった。夜回りをするが、結局、酒に。背景解説を聞くだけだった。函館ハイジャック事件のときは突撃責任者になった。大阪府警本部長時代には日本赤軍の重信房子を逮捕した。多くの著名事件を手掛けてきたが、趣味はピアノで、警察庁の現職職員による音楽家グループとのアンサンブルを今も楽しんでいる。

一九七八年、今度は第一章で述べた前橋支局に赴任した。重油タンク殺人事件が起きたところだ。事件・事故はそれなりにあったが、県警も県庁も市役所も記者を大事にしてくれるところで、検察回りのような苦痛は伴わなかった。

子どもは〝田舎の子〟として野原を駆け回り、スキーに興じて育っていった。県警の記者クラブは、もちろん誰もが特ダネ意識を持ちながら、ゴルフ、酒、麻雀にも熱情を燃やした。県警の警察官も敵情視察を兼ねてか、一緒に飲む機会が多かった。

当時、焼死者などの顔写真は是非ものだったが、各社で都合を付け合うこともしばしばだった。デジタルカメラなどなく、支局の暗室で現像し、ネガを一枚切り取って渡すわけだ。

そんな気楽な生活のなか、忘れられない大きな事故が起きた。一九七九（昭和五十四）年三月、谷川岳に雪が降るなか、直下に建設中だった上越新幹線・大清水《だいしみず》トンネルが火災を起こした。作業員十六人がトンネル内で煙に巻かれ、死亡した。

大清水トンネルは谷川岳連峰の山腹をくり抜き、全長は二十二・二キロに達し、当時の山岳トンネルとして世界最長だった。

火災事故前に貫通式が行われ、コンクリートの打ち込み作業が始まっていた。そんなとき、消防からだったか、夜の十一時ごろ、一報が入った。「え、トンネルが。まさか」だった。燃えるはずがない。誤報だろうと、現場行きを躊躇《ちゅうちょ》していた。それでも念のために出掛けたところ、煙がもうもうと噴き出していた。酸素溶断機の火花が油やおがくずなどに引火し、矢板に燃え移ったのだった。

筆者は消火器がどうだったかに着目した。消火器は配備されていたが、泡も粉も液体も出なかったという証言があった。機能鑑定を行っていた自治省消防庁消防研究所（現・総務省消防庁消防研究センター）を何回も取材した。半年後に結果が分かった。空っぽだった。特ダネとして報道した。

群馬県内の上越新幹線にはトンネルが連続する。工事では大規模出水が繰り返され、坑道の上からコンクリートを注入するなど苦難が続いた。出水場所を避けるため軌道を曲げたところもある。大清水トンネルも例外ではなかった。出水を有効活用しようとペットボトルに詰め、「大清水」という名称で販売を始めた。転んでもただでは起きない。

東邦亜鉛安中製錬所のカドミウムなどによる農作物被害もあった。安中公害訴訟である。取材に何度も車を走らせた。ほかに導入預金事件、自殺を装った保険金殺人事件もあった。選挙もすべてかかわった。ヒラ検事の官舎回りもした。地方では出入り禁止規制などなかった。支局はなんでも屋である。

支局の一階にモツ焼き屋があった。仕事が終わると出前を頼み、一升瓶を囲むねぎらいの時間となった。また、前橋の飲食店街を他社の記者や警察官らと逍遥した。作家になった横山秀夫も上毛新聞の県警担当で、作家としてやっていくという決断を聞き、みんなで壮行会をやった覚えがある。

支局時代の思い出話にばかりふけってはいられない。次に行こう。

エピソード

藤永幸治さんのこと

元東京高検検事長の藤永幸治さんは一九三〇（昭和五）年生まれ。東京地検特捜部長を務め、最高検刑事部長、検察序列ナンバー2の東京高検検事長で退官しました。学者肌の検事です。東京・中目黒の自宅に何回もお邪魔しました。

「スキーに行こうよ」と言うので新潟・苗場の別荘を訪ねたことがあります。確か、オーストリア在任中に覚えたという〝足前〟はたいしたものでした。ゴルフも達者でした。

旧制第三高等学校から京都大学に入学しましたが、学生運動に走ったマルクスボーイでした。司法試験に合格し、検事になりましたが、踏み絵として「公安担当をやらされましたよ」と笑った。事件関係の著作として『特捜検察の事件簿』（講談社）を残しました。

退官後、帝京大学法学部で教鞭を取っていましたが、二〇〇一（平成十三）年五月、急性多臓器不全で亡くなられました。七十歳でした。葬儀会場で奥さまが「今後も子どもたちのことをよろしく」と語りかけてくれました。

後日、お線香をあげにご自宅を訪問したところ、奥さまはまだ憔悴から立ち直れない様子でした。「藤永は学生運動をやって、それで検察ナンバー2にまでなれたのですから幸せですよ」「藤永は、吉永祐介さんを広島高検検事長に出した人事を怒っていましたよ」。仲睦まじいご夫婦でした。

第四章

沈黙の国税を崩せ

一　国税記者クラブ

検察担当を終え、一九八七（昭和六十二）年ごろからおよそ四年間、国税記者クラブに所属した。消費税導入問題を取材し、リクルート事件、昭和天皇の崩御などもあり、個別脱税事案にかかわる暇はなかった。

記者クラブは財務省五階にある。記者クラブは友好的な雰囲気だった。今は知らないが、麻雀台もあった。冷蔵庫には日本酒が常備されていた。それも地方の名品である。国税は酒税を担当していて、その関係からの酒だった。日本たばこ産業も社会部として持ち場だった。こちらも今は知らないが、たばこはふんだん、冷蔵庫にはドリンクがぎっしり詰まっていた。年に一～二度、クラブ旅行に出掛けた。検察にはもてなしという言葉がなかっただけに、優雅な時を味わった。

当時は各社ほぼ一人だった。キャップもいない一人クラブの気楽さがあった。民放テレビ局は加盟していなかった。正確には加盟が認められていなかった。今は各放送局が入っているが、他官庁も担当する兼務が多いという。記者クラブ制度の是非が語られているが、マスコミの要請と言うより、当局の都合、便宜、統御のための存在と見る方が正しいのではないか。

国税職員は二〇一四（平成二十六）年現在、およそ六万五千人。検察庁の正検事、副検事は約二千七百人で、検察事務官等を合わせても一万二千人弱だから所帯は大きい。国税庁の下部機関で実働部隊になる国税局は東京、大阪、関東信越、名古屋、仙台、金沢など枢要都市に配置され、独自の調査を展開すると同時にその下の税務署をまとめている。

国税調査官は調査にあたって質問検査権を有し、査察官は家宅捜索ができる強制調査権を付与されている。国税は検察庁と不即不離の関係にあり、検察が国税の脱税告発で成し遂げた大型事件は数多い。しかし、力関係で言うと検察が上位にある。

国税庁は財務省の付置機関。職員は国庫収入確保のため奮闘しているが、実権は財務省キャリアが握っている。わずか五十人前後である。国税庁長官、次長、庁のいくつかの部長、課長、東京国税局の局長、総務部長、査察部長らがキャリアポストだ。かつて、キャリアは若いころ、地方の税務署長に配属されていた。エリートを初年兵教育するためだった。しかし、若くして署長となり、驕って問題を起こしたこともあって今は廃止されている。

わずかなエリートの下に「庁キャリ」が層を成している。大卒ながら国税庁のみの採用試験にパスした準エリートだ。およそ三百人とされる。キャリアの腰掛けと違って実務に精通し、査察の別働隊とも言われる資料調査課など前線の指揮官ともなる。しかし、長官、次長になることはない。地方の国税局長クラスが最高ポストだ。

さらにその下に数万人のノンキャリが日々の業務に精励している。脱税調査、税金徴収などの実働部隊であるが、彼らの最終頂点は税務署長クラスだ。

実働部門を多く抱える東京・大手町の東京国税局は脱税事件摘発の輝かしい歴史を残しているが、二〇一五（平成二十七）年、築地の朝日新聞東京本社近くのビルに移転する。

国税組織に触れたついでに法務・検察組織も簡単に見ておこう。検察庁も複雑な階層構造にある。司法試験をパスして登用されたのが正検事。検察事務官等が内部試験を経て登用されるのが副検事。副検事から正検事になることもできるが道は険しい。正副検事のほかに多くの検察事務官が検察を支えている。組織は大阪、名古屋など八都市に高検が設けられ、四十七都道府県に地検が配置されている。北海道には札幌、函館、旭川、釧路に地検がある。その下にあるのが支部検察庁、区検察庁である。

検察庁は法務省の特別の機関として位置付けられている。法務省も司法試験組が占拠し、検察庁、裁判所との交流人事も盛んだった。今は「判・検」交流が刑事公判で〝癒着〟を生みかねないとして取りやめになっている。

庁舎はオンボロ建物から近代的ビルに建て替えられた。日比谷公園側から見て、右側が法務省、左側が検察庁である。どちらが偉いのか。誰がてっぺんなのか。中央官庁なら事務方トップは事務次官である。法務・検察組織では検事総長がナンバー1。法務事務次官は三番手か四番手。複雑、奇妙な体系にある。

吉永祐介はかつてこんなことを言ったことがある。「二つのトップがあるからうまくいかない。まとめてどちらかにすべきだ」。確かに、二つの頭があって、その頭の上に法務大臣がいる。政治の顔色をうかがう法務省と、それを退治する検察庁。おかしな構造だ。検察不祥事や無罪、冤罪事件などで、事件の時点では検事だったが、問題発覚の時点では法務官僚になっていたりする。責任追及はどこの誰に対して行うのか。利益相反の両体制が同居している。この変則体制はすっきりさせるべきだ。

検察にとって〝第一次眠れる時代〟の五〜六年があった。国税との冷ややかな関係からである。一九六八（昭和四十三）年の日通事件に起因する。国税調査を端緒として始まり、自民党代議士の逮捕にこぎつける予定だったが、思想派検察の上層部がストップをかけてきた。戦後最大級の贈収賄事件になるはずだったが、頓挫した。その過程で検察は飲み食い接待を受けていた国税調査官を逮捕してしまった。税務職員の収賄事件はいくらでもある。わずか一パーセントの税率をおまけしても企業にとっては大きい。企業経営者は手心を期待して国税に接近してくる。国税不祥事は絶えない。しかし、飲み食い接待。国税は「端緒を提供したのに」と憤《いきどお》った。双方は横を向いたまま修復はロッキード事件まで待たなければならなかった。

検察の第二の眠れる時代はこのロッキード事件から十年続いたことはすでに述べた。第三は一九九八（平成十）年の大蔵・日銀接待汚職事件の過程で検察が大蔵キャリアの東京国税局査察部長を聴取したことで、国税がヘソを曲げた。査察部長が大蔵省証券局時代に証券会社から接待を受けていたとの理由だったが、調書まで取られ、被疑者扱いにされた。国税幹部は「接待は情報交換のために必要悪の時代だった。何もそこまで」と怒り心頭だった。そのときも冷えた関係が生まれた。

盟友関係もときに揺れる。検察は最強権力を保持する。国税は六万人以上の職員が政財界の財布を握っている。しかし、上に立つのは検察。かつて、検察は国税から酒席、ゴルフなどの接待に与っていた。検察には夕方、一杯やるお酒がふんだんにあった。当時は酒庫長と言って検事正、部長クラスがお酒を管理していた。そのほとんどが国税からの貢ぎ物だった。

二　ロッキード事件

検察と国税の確執が繰り広げられ、今も微妙なバランスにあるが、双方には忘れられない「あのとき」があった。ロッキード事件である。

聞くところによると、その当時はまだ国税記者クラブに特ダネをめぐっての、張り詰めた空気はそれほどなかったそうだ。国税も税務行政をPRしたいため、かなり情報を提供していたらしい。記者の方は食えるか食えないか、取捨選択する贅沢ぶりだったとも言われていた。

そんな記者クラブに激震が走った。一九七六(昭和五十一)年二月四日、米上院多国籍企業小委員会(チャーチ委員会)の公開公聴会でロッキード疑惑が表面化した。旅客機・トライスター売り込みのためロッキード社が秘密代理人・児玉誉士夫《よしお》にコミッションを支払い、大手商社・丸紅に巨額資金を提供していたというのだ。

一報はすぐさま日本に飛び込んだ。当時、首相だった田中角栄の土建利権を中心とした金権ぶりは巷間《こうかん》知られるところで、月刊「文藝春秋」は田中金脈問題を既に解剖していた。しかし、検察は最初、米国発の疑惑に腰を上げなかった。一方の国税はアプローチを研究していた。まだ、田中と一直線で結ぶ材料はなかった。国税は児玉の暗号領収書「ピーナツ(ピーシーズ)」による蓄財に着目した。領収書をつくるための安っぽい印鑑屋の印鑑から端緒を摑んでいた。検察も遅れてはならないと、新聞報道や国会の追及、世論に押されるように捜査に入った。検察、国税、警視庁による合同捜査が始まろうとしていた。

当時の記者らに聞くと、児玉脱税に関心を払う記者はいたが、米国からの伝聞資料にすぎないことから、真偽に疑問を呈する段階だったという。

しかし、世論が盛り上がり、国税は印鑑を本物と確信し、本格調査に入ることを検討していた。査察がいきなり入って空振りに終わったら笑われる。そこで第二の査察部門と言われる資料調査課を投入し、資料収集に取り組ませた。資料調査課は強制調査権を持たないが、豊富な資料、俊敏な機動力で恐れられる国税セクションだ。児玉に質問状をぶつけた。しかし、なんの音沙汰もなかった。それでも、コミッション受領の外形的事実は把握できた。

しばらくして、検察が本格始動し、児玉邸に脱税容疑で強制捜査に入る段取りを整えた。国税の児玉ガサが田中角栄に上り詰める端緒だった。当局も記者も大それた事件になるとは予測していなかった。

東京新聞（中日新聞）社会部記者で国税記者クラブ担当だった高羽国広がことの重要性を予感し、特ダネを放った。高羽はその後、東京新聞社会部長、編集局長、中日新聞取締役などを経て、現在は北陸・石川テレビの社長を務めている。

高羽が当時を振り返る。少し長いが話を聞こう。

「名古屋本社社会部から東京社会部に異動になり、警視庁二課担当をやっていました。次が国税兼通産担当でした。通産省が主で、国税は一日に一回寄る程度でした。一九七六年一月末、名古屋に三月異動で戻る内示をもらい、東京生活をエンジョイしようし思っていました。そこに米上院報告から児玉の名前が出てきたのです。最初に検察と国税が調査に入る方針であることを中日新聞朝刊一面四段で入れました。他社は時間的に間に合わなかったのではないかと思います。翌日昼ごろ、国税記者クラブに行くと誰もいない。あまり関心がなかったようですね」

「その後、社会部デスクだった佐藤毅《つよし》さん（東京本社編集局長、中日ドラゴンズ社長などを歴任）から電話があった。『高羽君、この事件は、かかわって死んで本望だよ』と言われました」

ロッキード社から丸紅、児玉への資金提供が明らかになり、国会は証人喚問を求めた。マスコミは検察取材のチームをつくり、児玉、丸紅の疑惑を追いかけ、記者を米国に飛ばした社もあった。世論は沸騰し、連日、紙面にロッキードの字が躍った。田中角栄に至る突破口を国税が児玉脱税で切り拓いた。

高羽はこう続ける。

「警視庁を回っていたころ、捜査員が児玉はやれないだろうけど、戦後の決算として摘発できればなーと、説明してくれた。だから児玉の素性については調べていましたよ」

「ただ、国税内部でも課税対象にすることには異論があったようです。国内的な証拠はハンコが突かれた領収書ぐらいしかない。他社の国税担当記者もおもちゃのようなハンコが突かれた領収書だけでは、という見方が多かった」

「時効だから明かしますが、当時は国税庁長官に直接、取材していました。どういうわけか丁寧に解説してくれました。コーチャン証言の児玉をどうするか聞くと、『質問検査権で調べる』と打ち明けてくれた。そこで『国税庁、児玉税金問題で質問検査権行使』と打ちました」

「しかし、大方はインチキ領収書で話にならないとの見解が濃厚だった。そこで長官にまたぶつけた。『領収書は領収書でしょう。査察による強制調査しかないでしょう』と。ノーという返答はなかった。紙面では第二弾か第三弾かで、強制調査を意味する『国税犯則取締法での調査を検討』という記事を出しました。続いて着手時期を聞き出したのです。『来週と言っても、遅い来週ごろかなー』と聞き出しました。間近いことを確信しました。そして『来週後半にも強制捜査　児玉氏の脱税容疑　任意の調査では困難』と畳みかけました」

二月二十四日、国税は児玉の強制捜査に踏み切った。検察も国税も既に情報を仕込み、三月の時効までに児玉を追い込まなければならなかった。綱渡りの強制捜査だった。

児玉強制捜査の前夜のこと。児玉邸突入部隊の査察部員が東京国税局の地下二階大会議室に集められた。関連先ガサ部隊も含め、約百五十人が集結した。検察で国税との連絡役を務めたのは当時、特捜部財政経済班担当だった小林幹男。小林は国税職員に「おれと心中してくれ」と命がけの思いを伝えた。小林はかつて筆者にこんな説明をしてくれた。

「カネの流れだけで見れば外為法違反の方が確実だった。脱税はやってみなければ分からない要素があった。児玉邸の家宅捜索をやって、割引金融債などが出てきたときはほっとした。最初から総理大臣の犯罪を狙っていたわけではない。世論が沸騰し、やらざるを得なかった」。労苦を隠して淡々と語った。

国税庁長官を務め、大手広告代理店・博報堂の社長、会長を務めた磯邊律男（故人）はこのとき、東京国税局長だった。博報堂時代に磯邊から当時の思い出を聞いた。

「よく覚えていますよ。小林さんが命がけだったこともね。そして地下会議室で僕が訓示しました。今でもその内容は忘れていません。『今度の事件は今までとは違う。全国民が注目している。世界が見ている。国税の生死をかけた仕事であります。よろしくお願いします。結果については、僕が全責任を負います』。そんな内容だったと思います」

国税、検察、警視庁の合同捜査という史上初の体制ができあがり、政財界の暗部を暴く道筋が開かれた。

高羽が記憶をたどる。「あのとき、国税が主戦場になるとは考えもしなかった。『すごい事件になるよ』と慧眼《けいがん》を示した当時の上司の佐藤毅さんがすごかった」。首相の犯罪を暴く初動を見事に捉えた。

三　溜まり

日通事件で脱税案件から検察による事件展開という構図が沈滞しているなか、児玉脱税強制捜査は双方の関係を善導した。国税は新たな調査手法、摘発武器を磨き始めた。国税担当記者も忙しくなった。

筆者の担当中はバブル全盛からバブル崩壊の端境期《はざかいき》にあった。国税にとってはまたとない収穫時期である。検察担当を抜けたからといって、国税記者クラブでのんびり、のほほんとはしていられない。ここは事件取材官庁。一人担当だけに「地獄のクラブ」とも言われた。国税担当になるのを嫌がる記者も少なくなかった。

ある日、国税庁の幹部部屋から廊下に某新聞社の記者の声が響いてきた。ネタを落としでもしたのだろうか、怒っているようだった。「天下の〇〇新聞に！」などだった。

いつも午前十時から十一時ごろ、記者クラブに到着していた。ゆうべの酒でふらふらながら、とりあえず他社の動静を探り、何事もないようならソファーに背を埋め、昼過ぎまでお休み。税金案件の実務を扱うのは東京国税局。午後はここを回り、他愛のない蒟蒻《こんにゃく》問答。夜回りはほとんどしなかった。都心の官舎に住む検事と違って、国税職員の自宅は遠い。東京・駒込の社宅に帰る途中、文京区内に東京国税局査察部長だった坂篤郎《あつお》の自宅があった（現在は転居）。そこにお邪魔し、お酒をごちそうになり、車で五分ほどの自宅に帰還していた。

国税に「何か脱税事件はないか」と言ってもばかにされるだけだ。こちらの手だては情報誌、ブラック筋、企業取材などで脱税案件の匂いがないか探ることだった。可能性があれば周辺を固める。査察案件の脱税なのか調査部案件の申告漏れなのか、もしくは資料調査課事案なのかを確認する。脱税の手口、隠し所得額、脱税額などを徐々に詰める。最後は本人ないし当該企業に直接取材する。あっさり認めるケース、頑強に否定するケースがある。そして当局にぶつける。

「溜まり」という制度がある。ネタを一旦、国税当局に通告しておくしきたりだ。査察案件の場合は検察への告発をもって〝解禁〟される。査察案件の告発率は七割前後で、空振りも想定されるからだ。調査部の申告漏れ案件の場合は課税処分が下されるあたりでＯＫ

となる。
複数社が知っていた場合、早い者勝ちになってしまうから不公平是正の意味もあった。もしくは一万円違っても訴えてくる時代に、危険防止の防波堤ともなっていた。制度の結果は〝みんな一緒〟である。ただ、各社から次々と同じ事案が溜まり、当局が「告発したからどうぞ」と言って書く段になるとき、特オチの危険性も残される。特オチとは大半の社が書いているなかで、落としてしまったことを言う。だから、平等のように見えるが、悪性を備えた制度でもある。一種の報道規制と捉え、自己責任で通告なしで発射する記者もいた。

もうひとつ、最近、国税にも出入り禁止制度が導入された。昔はよほどの無礼でもない限り出入り禁止はなかった。某社が黒板協定を破って物議を醸したことがあるが、記者クラブは自主ルールで対処していた。今はこうした約束破りなどに出入り禁止が適用されているという。当局の管理がどこまでも行き届くようになり、これでいいのかと老婆心ながら懸念を覚える。

国税の守秘義務の壁は厚い。国税が個別の所得隠し、申告漏れ事案を自ら明かすことはない。だから個別案件についての発表は一切ない。どのマスコミも企業努力だ。仮に訴訟になっても、国税は助け舟を出してくれない。

だから、脱税案件の独自記事を書いたときは、午前中は自宅で寝ている。クレーム電話がかかってくるのは大体午前十時ごろだからだ。何事もなければ仕事場に向かう。

四　損失補塡

書いた国税独自記事は多すぎてほとんど忘れてしまった。上場企業の申告漏れから株、土地、絵画、リゾート絡みなど大型脱税事件ばかりだった。

頭を揺すって思い出した。一九九七（平成九）年の〝B勘屋〟事件である。都心の狂乱地価による土地売買で巨利を得ていた不動産業者らの脱税事件で、脱税指南をしていたのがB勘屋だった。「B」はブラックを意味するという。別名〝かぶり屋〟。四十数業者が総額五十億円前後の所得を隠していたこの脱税事件で、経費水増しのためカラ領収書の発行を一手に引き受けていたのがB勘屋。国税が検察に告発する前にB勘屋の事務所を突撃取材した。彼はこちらで調べ上げた不正を伝えると、観念したのか脱税工作のすべてを認めた。そして商売道具のチェックライター、白地領収書、金庫、印鑑などを見せてくれた。帰り際に「この商売、面白いように儲かったよ」。

とにかく、国税事件関係の新聞スクラップを開いてみると、この当時は土地、株絡みの脱税ばかり。今の経済萎縮時代とは隔世の感がある。

東京・新宿の精密機器貿易会社。売り上げを申告から除外し、東京国税局の査察を受け、東京地検に告発された。取材に訪れると、老夫婦が涙を流しながら、「すみません。ごめんなさい。税金はすべて払いました」。記事は実名なしでケーススタディーとして掲載した。すると、後追い取材して実名掲載しようとするけしからん記者がいた。「何を考えているのか」と一喝した。

脱税事犯の端緒は周辺情報、情報誌などがヒントになるとは書いたが、各税務署に、今は知らないが、一定額以上の所得申告が公示され、修正申告も掲示されていた。ヒントはないかと大きな税務署をたまに回ることがあった。司法記者クラブで一緒で、国税でまた一緒になった日経新聞の坂口祐一は「夜中に回るため、ヘッドランプを買いましたよ」と頭に装着し、茶目っ気たっぷりにライトを点滅させていた。

一九九七年はプロ野球選手の脱税事件もあった。朝日新聞が脱税請負人の指南を受けて脱税していた選手の存在をスクープした。名古屋国税局の扱いだった。セ・パ両リーグ十数人の選手が〝恩恵〟に与っていた。

その内実は、名古屋の脱税請負人が球団の有力選手をパイプ役に、多額の契約金をもらった新人選手に声をかけ、〝節税〟を持ち掛けていたのだ。筆者はガサ情報を早くから把握していた。しかし、調査主体が名古屋国税局査察部で、アンテナがないことや、中日球団が関与しているかもしれず、成り行きを見守るしかなかった。

課税処分途上、名古屋国税局の幹部と酒を飲みながら実態を聞いた。脱税請負人に手引きをしていた大物野球選手にはバックリベートがあったという。国税は請負人、選手らの刑事処分を検討した。告発するかどうか、処分の時期など、球界やファンに混乱を招かないよう気を遣ったという。

請負人に引っ掛かったのはまだ二十歳前後の新人ばかり。先輩の誘いにころりと乗ってしまったらしい。国税は選手らを次々と呼んで、認めれば穏便措置を取る方向を考えた。

「選手のなかには節税どころか、脱税請負人から不要な税金を吹きかけられ、請負人の懐を肥やすだけのケースもあった。若くて、世間知らずの新人だからね」

福岡国税局には不可思議な脱税事件があった。建設会社の巨額脱税事件で、朝日新聞がネタを摑んで報じた。脱税事件は汚職事件に発展した。しかし、別の事件で福岡地検次席検事が裁判官に情報漏洩していた問題が暴露され、汚職事件捜査は空中分解してしまった。

これも東京にいて手を伸ばせない案件だったが、関心を抱き、調べたところ、政治家関与を疑わせる贈賄リストの手帳を国税は押収していた。査察官八十人を動員して強制調査を実施し、検察に引き継いだ事件だった。手帳には首相経験者周辺が関係する内容が記されていた。しかし、尻すぼみに終わってしまった。次席検事の不祥事暴露は、汚職事件捜査に影響を与えようとしたという陰謀説も流れた。

大きく記憶に残る出来事は損失補塡脱税だった。大手・中堅証券会社が特定顧客に損失補塡していた問題だった。国税は補塡した分を経費ではなく交際費として課税すべく調査に入った。利益供与である。しかし、当時は損失補塡も手張りも脱法と知りながら、業界では当たり前のごとくまかり通っていた。大蔵省も黙認するだけだった。

一九八九（平成元）年ごろ、定年を間近に控えたノンキャリの東京国税局調査部幹部が、最後の仕事にしたいと執念を燃やして調査にあたっていた。筆者もほぼ同時期にこの問題を取材していた。

一九八七（昭和六十二）年の株価大暴落（ブラック・マンデー）で損失を被った特定顧客に、証券会社が損失穴埋めの便宜を図っていた。手口はワラント債（新株引き受け権付き社債）などを低廉譲渡し、あるいは債券の高値買い戻しで利益を供与していた。国税局は証券会社が与えた利益は交際費として課税できると判断し、国税庁、大蔵省などの判断を仰ぐ段階にあった。

大蔵省や証券会社を取材に回った。四大証券はすべてアタックした。野村證券を除いてほかの三社はあっさり認めた。それればかりか、供与資金の捻出方法まで披露してくれた。「損をしたお客さんに元を取らせるには、ワラントだけでなく、ＣＢ（転換社債型新株予約権付き社債）、国債も使っていますよ」。要するにそれが当たり前の時代だったのである。

大蔵省証券業務課長が「うちでも把握はしていますが、そんなにひどい実態ですか」と驚いていた。「モラル上、ほめられた行為ではないですね。行政指導に乗り出す必要があるかもしれません」とつぶやいていた。この証券業務課長はその後、名古屋で交通事故に遭って亡くなってしまった。

当時の証券取引法は「損失を負担することを約束して勧誘すること」、すなわち事前の約束は禁じられていたが、罰則はなかった。事後に穴埋めする損失補塡は処罰規定そのものがなかった。要するに一任勘定取引、穴埋めなどの横行を暗黙に許していたのだ。だから大蔵省も鷹揚に構えていた。しかし、ひどい不平等だ。大蔵省も指導方法を考えている最中だった。そこに国税が先に手を突っ込んだ。

取材を終え、当局にぶつけ、いよいよ書く段になった。すると、大蔵キャリアの東京国税局幹部が「内容に間違いはないが、『東京国税局の調査で』を使うのはなんとか勘弁してほしい。大蔵省ぐらいでごまかしてほしい」と哀訴してきた。大蔵省が損失補塡の在り方を決めあぐねているなかで、国税先行は困るのだ。まあ、武士の情けとしたが、大蔵省に頭が上がらない国税の立場が鮮明になった。

そんなことがあったが、国税は英断をもって課税処分とした。証券業界は対応に追われ、あわてた。記事にしたとき、東京新聞の幹部が社会部に来て「本当なら、大変な特ダネだね」。本当だから書いたのだが。

記事の見出しを拾ってみる。「有力顧客の損失穴埋め」「証券界〝けじめ〟なき取引」「中堅証券十数社の『暗い月曜』株損補償」「損失補てん証券約十五社 総額百億円追徴」「証券界 〝黒い体質〟やっとメス」。そして、続きものの「損失補てん 暴かれた証券業界」と題する記事を掲載した。

査察事案になった大和証券関係ではハプニングがあった。筆者は知っていた。しかし、某紙に書かれてしまった。先に説明した「溜まり」制度が邪魔をした。国税は「告発はもうすぐなので、待ってほしい」だった。書かれて査察部長に噛み付くと、ひたすら弁解するだけだった。新聞業界の宿命の「抜いた、抜かれた」だから仕方ないか。

国税の最終処分は「八十億円を追徴 証券十四社に課税」だった。損失補塡は利益供与に当たるとして、交際費課税したのだ。国税が初めて手を入れた領域。不公平取引は税務面から断罪された。損失補塡問題を税務面から記事にし、世に送り出したのは筆者が最初である。

しかし、証券業界というのは懲りない面々である。一九九一（平成三）年に野村證券の巨額損失補塡問題が明るみに出た。裏社会との関係も暴露された。ここにきて証券取引法（現・金融商品取引法）が改正された。一任勘定、損失補償、損失補塡に処罰規定、禁止規定が盛り込まれた。それでも証券会社は特定顧客への利益供与と手を切ることはできなかった。一九九七年に東京地検特捜部が摘発する金融機関利益供与事件となって再度、亡霊が現れた。この事件はのちに詳しく触れる。

国税担当四年は長すぎた。一九九〇（平成二）年夏だったか、損失補塡問題を仕掛け中にJR担当になった。しかし、国税取材は区切りがつくまで継続した。

JR担当時代は、当時、東京駅丸の内側にあったJR東日本本社内のときわクラブという鉄道記者クラブに在籍した。けれど、鉄道取材より金融事件取材、自ら企画した「公団住宅建て替え問題と老人世帯」「高校教育問題」の連載などに忙しかった。

JR担当に着任して早々、JR幹部の汚職疑惑をキャッチした。店舗の東京駅出店をめぐる贈収賄疑惑だった。結局、事件にはならなかったが、取材する筆者にJR内部からさまざまな働きかけがあった。事件とオサラバしたつもりだったが、まだ事件から離れられなかった。

ＪＲ担当になって東日本、東海の社員とお付き合いをいただき、リニア、日本の新幹線、世界の高速鉄道などの実情を教えてもらい、二〇一二（平成二十四）年に『新幹線とリニア　半世紀の挑戦』（光文社）を刊行した。

ＪＲ担当時代の秋、某新聞社からヘッドハンティングの声がかかった。キャッチした週刊誌から会社に取材電話があった。「移籍はしませんよ」と告げ、あとは社会部長になっていた高羽国広に任せた。

何日かあと、高羽が自宅に現れた。同じ社宅だった。「上海に行ってくれ」「なんで。まだ日本でやることがあります」と断った。しばらくして、今度は「北京に留学を」だった。高羽は北京留学を推薦していたという。執拗な中国行き。二度目の要請。サラリーマンとして断れない。仕方ない。

損失補塡問題の取材に一区切りつけたが、補塡リストがあるという。これを出し抜けば有終の美を飾り、新聞協会賞への応募を申請できる。後任に託し、北京に出掛けた。しかし、かかってきた電話は「他社に抜かれて……」「申し訳ありません」。その声が今も耳に残っている。

エピソード

シドニーでの出来事

手元ネタを当局にどこまで出せるか。こちらも稼業でネタを仕込んでいます。向こうもネタが欲しいはず。バーターを期待するわけです。実際、記者の持ち込みで事件になったケースは多い。だけど、新聞記者としてどこまで〝協力〟が可能か。

一九八七（昭和六十二）年、航空測量大手・国際航業に関する事件がありました。仕手筋による同社株買い占めです。そして株価上昇に便乗した同社役員らによる大量売買、脱税などバブル期の典型的な特捜向き事件となりました。

キーパーソンがいました。国際航業関連会社の社長でした。不正操作に関与していたことが分かりました。彼は身辺が怪しくなってきたころ、シドニーに渡り、潜伏してしまいました。特捜部は必死に行方を追ったのですが、海外では手も足も出ません。捜査協力要請をお願いするだけで精いっぱいだったのです。

一九九〇（平成二）年夏、国税を担当していたとき、社会部長が「シドニーに行ってくれ」といきなりきました。午前中の指示です。ビザがいるかどうかも分からない。旅行代理店に行って必要と分かり、急遽《きゅうきょ》、申請して入手しました。夕方には飛び立ちました。シドニー中心部の宝石店に手配人物の知人がいると割り出し、宝石店に出向きました。まず、聞いたのが「他社は来ましたか」でした。あ！　英語などできるわけがありません。通訳を介してですよ。どこも来ていないと分かりました。これ、大事なことです。写真などを持っていかれ、なかには「この件は私以外にしゃべらないで」と言う記者もいるからです。

彼はリゾート地のような海辺の住宅に住んでいました。周辺に聞くと本人は不在で、妻子だけが住んでいるようでした。ピンポンは押さなかった。家族は関係ないからです。ニューサウスウェールズ州の州警察に行きました。女性警察官が応対に出てくれ、「手配は来ています。こちらも探しているけど、分からない。教えてほしい」でした。ゴールドコーストに潜伏していることは摑んでいた。警察に「〝Ｗａｎｔｅｄ〟をホテルに貼ったら」とアドバイスしました。

間もなく手配人物の知人から「彼がしかるべき時期に出頭したいと言っている」という話を聞き、帰国したわけです。

帰るとすぐ、特捜部長だった石川達紘さんからお呼びがかかりました。当地の状況を知りたいとのことでした。無冠の記者はどの国にも出入りできる。ちょっと優越感。

部長室には副部長も同席していました。こちらの情報が捜査に使われるのはどうかと慎重に対応しました。雑談として話したのですが、副部長がメモを取っていたのです。「記録には残さないようお願いします」。マスコミの情報提供はリアクションも考えなければならないと思ったからです。

遅れてシドニー入りした日経新聞の坂口祐一記者は「行く先々で、すべて村串さんに食い荒らされていました」。

第五章

調査報道の威力

一　特ダネ

さて、国税担当時代に兼務していた事件遊軍の仕事は、リクルート事件取材が中心だった。リクルート事件は朝日新聞が放った調査報道の精華と言える特ダネから始まった。

しかし、最近の日本の調査報道は往時の勢いが失せ、光彩が薄れているように思える。

アメリカの恥辱と言われたベトナム戦争。米軍が撤兵準備を始め、戦争が終結に向かっていたころの一九七一年、ニューヨーク・タイムズのニール・シーハン記者が国防総省秘密文書（ペンタゴン・ペーパーズ）を入手した。というより、文書執筆関係者が記者に手渡していたものだ。戦争戦略を記した極秘文書は連載記事で明るみに出された。文書はワシントン・ポストなども入手し、相次いで新聞掲載された。

米政府は国家機密の漏洩《ろうえい》であるとして記事の差し止めを求め、掲載を中止させることに躍起となった。文書を入手し、分析し、取材によって真実性を確実なものとして報道したニューヨーク・タイムズ。調査報道のハシリであった。

一九七二年、ワシントン・ウォーターゲートビルの民主党本部に盗聴器が仕掛けられようとした事件があった。ワシントン・ポストのボブ・ウッドワード、カール・バーンスタイン両記者の知るところとなった。そして周到な裏付け取材を重ねたうえで報じた。報道により、共和党・ニクソン大統領のホワイトハウスが関与していた事実が判明し、ニクソンは辞任に追い込まれた。

こうした成果を受けて、米マスコミ界では一九七〇年代、調査報道こそジャーナリズムの本領であるという気概にあふれた。触発された日本も一九七六年のロッキード事件前段で、田中金脈問題を月刊誌が取り上げた。そして米国から転がりこんだ「ピーナツ」情報で検察が捜査に入ると、マスコミは当局情報だけに頼らない、独自取材を展開した。検察捜査はマスコミに押される格好で前に進んだ。調査報道的手法が用いられたのはロッキード事件取材が先駆けかもしれない。

しかし、今は凋落《ちょうらく》期《き》にある。カネ、時間、人手がかかるからだ。果実の保証もない。ウォーターゲート事件報道などで調査報道至上主義にあった米国も萎んでいるようだ。有《う》象《ぞう》無《む》象《ぞう》が発信するネットの影響もあるらしい。

それまでの特ダネ競争のひとつには「今日にも」「明日にも」など当局の着手時期に力点を置き、価値付けをする傾向があった。確かに抜かれれば不愉快だが、今はそれほど一報にはこだわらないらしい。日経新聞のお家芸である金融合併報道も、その日に発表されれば半日の特ダネである。

時間差特ダネを超えた調査報道に、今再びの復活を叫びたいところだ。掘り起こし記事がなければ、今でも毒牛乳を飲んでいたかもしれない。生活密着型調査報道。政財界の裏側を暴く調査報道。メディアが新しい風を送る役割に期待したいのだが……。

二　リクルート事件

そこで、日本の調査報道が威力を発揮したリクルート事件に〝よき時代〟を語らせてみよう。

一九八八（昭和六十三）年前後はバブル経済の最盛期。土地、株、絵画、ゴルフ場を道具に、バブル紳士が「カネがカネを生む」仕掛けを構築していた。行き場を失っていたカネが乱れ飛んだ。旧来型のものづくり企業が衰退し、代わってＩＴ、金融、サービス産業などに新興企業が続々と現れ、経済界に躍り出た。リクルートもそんな企業のひとつだった。

未公開株のばら撒きを武器に、頭脳プレーを駆使し、自社事業の有利を求め、政官財の籠絡作戦を展開した。政治家、役人、経済人が「濡れ手で粟」でひと儲けした事件である。

同年六月に朝日新聞が報じた調査報道がなければ、世の中、未公開株のなんたるかも知らないままだったろう。リクルートと政官財の汚職の構図も沈潜したまま過ぎ去っていたかもしれない。

川崎駅前再開発事業に絡み、川崎市助役にリクルートコスモス（現・コスモスイニシア）株が渡っていた疑惑追及報道が、その後、大きな事件として火を噴いた。神奈川県警が内偵していた。事前に東京新聞やNHKなどが密かに取材をしていた。しかし、事件の立件は見送られてしまった。地元有力国会議員が県警に圧力をかけたとか、未公開株は確実に利益を上げられるのかという議論があったとされる。捜査員は悲憤にくれ、知っていたマスコミも取材をストップしてしまった。

ところが、この廃棄された案件を朝日新聞があらためて掘り起こし、調査報道として報じ、特捜部の再捜査につなげていった。

筆者はこの当時、国税担当だった。朝日の特ダネではまだ当局が動く気配はなく、政界に波風は立たなかった。しかし、未公開株が誰に渡っていたかが俄然、世間の関心を集めるようになった。

朝日報道直後、未公開株譲渡リストを入手した。情報筋から七十人のリストを記したメモが転がりこんできたのだ。信憑性《しんぴょうせい》に疑問はあった。よくある〝創作〟かもしれない。念のため社会部にファックスした。入手源を秘匿するため、リストは自筆で書き直した。

リストは会社に流し放しにし、帰途についた。あとで知るのだが、その夜、編集局長の佐藤毅がリストを目にしていた。

翌朝、社会部長の高羽国広から電話があった。「佐藤局長があのリストを気にしている」。早めに東京本社に行った。編集局長、局次長が顔をそろえていた。「ひょっとすると大きなネタになるかもしれない。どこからのネタかね」「言えません」「信頼できる筋なのかね」「調べてみないと分からないでしょう」「筆跡を変えてあるね」「書き直しました」

国税記者クラブに戻って居眠りしているころ、佐藤はすかさず、リスト確認班をつくっていた。確認班はリスト記載の人物に逐一当たった。百発百中だった。政治家、経済人、文化人、芸能関係者、マスコミ人など多彩だった。連日、一面トップを飾った。朝日の特ダネで意気消沈していたところだけに、大いに活力剤になったようだが、やはり三位決定戦にすぎなかった。

このあと、国税兼務のままリクルート取材の遊軍をやれと命じられた。デスクと二人だけだった。検察が始動する契機となったのが衆院議員・楢崎弥之助（故人）への贈賄工作だった。日本テレビが楢崎とリクルート側のやり取りを隠し撮りし、独自放映した。その楢崎への単独取材が実現した。まだ、検察は動いていなかった。しかし、事件になる可能性は大きく、先取り取材をしなければならない。疑惑はヤマとあり、どこから手を付けていいのか混乱した。

その年の秋、検察は事件の捜査開始宣言を行った。ダグラス・グラマン事件のとき、法務省刑事局長だった伊藤栄樹が捜査途上にもかかわらず、国会で「捜査の要諦はすべからく、小さな悪をすくい取るだけでなく、巨悪を取り逃がさないことにある」とぶち上げた。「政界中枢に捜査は及びますよ」という宣告だった。異例である。しかし、そのときは政界中枢に伸びることはなかった。

リクルート事件の検察は、家宅捜索、事情聴取を雪崩《なだれ》のように開始し、政官界工作のヤミに迫った。こうなるとメーン取材は司法担当記者に移る。こちらは外回りでリクルート本社への日参だ。たまに旧知のヒラ検事と酒を飲みながら周辺情報を探る。気分的には楽だった。

ルートはいくつもあった。政界、NTT、労働省、文部省。外回り記者二人では間に合わない。関係者は次第に口を閉ざしていく。取材は一日二〜三件が限界。記事を書こうにも当局の支えはない。それでも、取材対象にぶつかり、話を引き出した。極秘のやり取りを収めたフロッピーディスクを入手し、解析して、いくつかの記事を書いた。このころ書いた記事は「二百万株以上、政官界へ」「中曽根派代議士に献金」「売却益の一部　政官界工作の裏金に」などだ。

同年十二月、東京地検検事正に吉永祐介が就任した。吉永はマスコミの先行取材、先行報道を嫌っていた。当時のある特捜部幹部も「捜査は密行が原則。今度の事件はマスコミから始まったオープン戦。関係者、弁護士の手の内に材料が集まり、やりにくい。とにかくリークと取られないよう気を遣った」。

そんな折、東京新聞（単独かどうかは忘れた）が強制捜査の着手情報として「今日にも」と書いた。その日朝、捜索部隊の検事、検察事務官ら五十人ぐらいがJR新橋駅に集結した。ところが、東京地検次席検事の山口悠介が中止指令を出してきた。リーク疑惑の回避と報道を空振りさせようとの魂胆だったのかもしれない。梯子を外された捜索部隊は喫茶店に寄ってコーヒーを飲み、あるいは公園のベンチで一服し、時間をずらしながら三々五々検察庁舎に戻ったという。着手情報を漏らしたのは誰か。検察部内の犯人探しもあったと言われている。

その一方、世論を盛り上げるため、検察側からの情報提供がなかったわけではない。煽《あお》りリークである。世論の感触を摑むための観測気球でもある。リクルート事件のときはマスコミ先行事件だけに多用されたようだ。

昭和天皇が崩御して年号が平成になった春先。NTTルート、労働省ルート、文部省ルートなどの捜査が着手され、政官財は蜂の巣をつついたような騒ぎになった。それが一段落すると、捜査の常道で、政界捜査に関心が移る。特捜検察の正念場である。

主任検事として事件捜査を指揮していたのは特捜部副部長だった宗像紀夫。あちこちに飛び火した事件を束ねるのは容易ではない。現場検事だった一人は「宗像さんは事件をオーソドックスに、正面から見据える人。指示は的確で安心できた」と振り返る。吉永、宗像、精鋭の事件屋検事がそろっていた捜査体制。

事件は大きな飛躍を予感させた。何人もの政治家周辺に未公開株が譲渡されていた。しかし、疑惑を持たれた首相・竹下登は退陣表明し、翌日、竹下の秘書が自殺してしまった。政界からは「予算と事件とどっちが大事なのだ」と毎度のごとく罵詈雑言《ばりぞうごん》が飛んだ。そして検察上層部は「七月に参院選がある。早期決着を」といつものようにランディングを指令してきた。

結局、元官房長官の藤波孝生と衆院議員だった池田克也の二人を在宅起訴し、捜査は終わった。リクルート事件の眼目である「就職協定の存続」にまつわる問題や、派閥領袖《りょうしゅう》の収賄疑惑に蓋をしてしまった。ある検事は「捜査は大変だったけど、急所を外した未消化の捜査」と話した。

政治家を起訴したとはいえ、在宅起訴だった。世論から国会議員には甘いのかと批判も出た。身柄逮捕は一九九二（平成四）年の共和汚職事件まで待たなければならなかった。

石川達紘は「政治家逮捕にはまだ後遺症が残っていたのかもしれない」と解釈した。

一方でこんな声も。「出る杭は打たれる」。リクルート元会長・江副《えぞえ》浩正（故人）には会社を急成長させる才気があった。そのやりすぎが咎められたのだ。同じようにライブドア事件の堀江貴文、村上ファンド事件の村上世彰《よしあき》ら新興風雲児も特捜部の手にかかった。目立ちすぎは、また、打たれやすいのである。

事件が終結して待っていたのは、東京地検検事正・吉永祐介の都落ちだった。広島高検検事長に異動を強いられたのだ。同期の岡村泰孝に検事総長の道を歩ませるためだった。吉永は広島高検検事長から大阪高検検事長に〝昇進〟した。吉永は大阪で検察官人生を締めくくるつもりでいた。

検察の仕事は何か。組織管理が本業ではないはず。刑事事件処理がすべてであり、究極の達成目標である。その事件捜査の〝神様〟と言われ、多くの業績を残した吉永に冷たい処遇。

しかし、ずれた歯車はどこかで噛み合ってくる。吉永は検事総長として奇跡のカムバックを果たすのだ。同じく最高検次長検事から広島高検検事長になった笠間治雄《はるお》も検事総長に就任する。この物語の背景は追って触れる。

三　調査報道の陥穽《かんせい》

重油タンク殺人事件におけるマスコミの曲報、誤報には、警察、銀行の思い込みも作用した。確証がないなかで風評に流され、持ち逃げ説への期待値が高まり、そして「遅れてはならない」とのめり込んでしまった。昔も今も変わらない新聞記者の性《さが》であろう。記者の世界は他社を意識し、他社を出し抜こうと構える激しい競争社会だからだ。

こうした警察事件とは異なり、捜査当局や役所に頼らない調査報道がこれまで多くの特ダネを放ってきた。リスクはすべて自社で負わなければならない。危険と隣り合わせであるが、一度味わえば忘れられない蜜の味にもなる。調査報道の果実は新聞の存在感を高めるからだ。

陥穽もある。調査報道は綾なす情報を織り上げて成功させるが、支柱の確認を怠れば、崩れて誤報になることもある。

そんな一例が朝日新聞の従軍慰安婦問題報道である。二〇一四（平成二十六）年夏、朝日新聞はこの記事の誤りを認め、記事の一部を取り消した。朝日の検証報道と問題を分析した第三者委員会の報告などを基に説明する。

朝日は、戦時中、日本が朝鮮人慰安婦を強制連行していたとする特ダネ記事を報じた。

しかし、証言者であり、戦時中の労務報国会動員部長だったという吉田清治（故人）の証言の虚偽性が濃厚になった。他からも否定材料を突きつけられ、誤報を認めるという経緯をたどった。記事の初報は一九八二（昭和五十七）年だから、三十二年ぶりの修正となる。

なぜ、誤報は生まれたのか。第三者委は吉田証言の検証と裏付け取材を怠ったからであると指摘した。吉田がなぜ、こんな情報をマスコミに提供したのかは知らない。しかし、取材者側はまず、証言の真偽を確認することが最初の重要な仕事である。第三者委はそれを怠ったと指摘し、現・朝日幹部も瑕疵《かし》を認めている。

調査報道において、裏付け、確認作業は容易ではない。支柱は一本では足りない。二本、三本が必要になる。かつて、筆者が部下の記者から聞かされたのが「裏付けは不要です。警察情報です」「検察幹部がそう言っています」だった。それで安心して掲載に踏み切っていた。しかし、今は危ない。当局情報でさえ騙されることがある。あるいは意図的にガセをつかまされることがある。当局情報も、一次情報も、二重、三重の確認が必要な時代だ。

朝日の初報が掲載された一九八二年ごろは、自民党の全盛時代。野党の社会党がもがいても自民の牙城は崩せない。自民党権力はますます増長した。メディアの多くは左翼、野党に肩入れするところが少なくなかった。「体制」の監視がメディアの役割と受け止め、対置する「反体制」に心情を傾けていたのだ。また、弱者へ寄り添うことで強者を牽制する「弱者は推定『善』」という認識があった。現在もこうした立ち位置を保持するメディアは多い。筆者は一種の情動報道と考える。弱者の視線で物事を見るのは悪いことではないが、虚実の検証は必要だ。

朝日新聞には多数の〝進歩的〟文化人、知識エリート層が執筆し、読者の方も革新性、左翼性の記事内容を期待して閲読していた。こうした雰囲気がいつしか朝日新聞に一定の〝方向性〟を産み付けていたのかもしれない。朝日報道を検証した第三者委員会は会見と報告のなかで、「先にキャンペーンありきで、事実は都合の良いところだけ付け足していく」「慰安婦問題が政治課題となるよう企図し」たなどと誤報の底流を指摘した。

慰安婦問題の記事取り消し発表から間髪を容れず、朝日新聞でまたまたあってはならない調査報道、独自報道による誤報の存在が明らかになった。同年九月十一日、朝日新聞本社で社長の木村伊量《ただかず》が記者会見を開いた。東京電力福島第一原発事故における「吉田調書」報道についてのお詫び、記事取り消し会見だった。

福島第一原発所長だった吉田昌郎（二〇一三年七月、食道がんで死去）が、政府事故調査・検証委員会の聴取で語ったのが吉田調書だった。吉田は事故当時、第一原発の責任者だった。不眠不休で被災原発の鎮圧に取り組んでいた。

調書をいち早く入手した朝日新聞は、二〇一四年五月二十日の朝刊一面に「所長命令に違反　原発撤退」「福島第一所員の9割」を見出しに〝スクープ記事〟を掲げた。記事は「所員の9割に当たる約650人が吉田氏の待機命令に違反し、10キロ南の福島第二原発へ撤退していた」と報じた。

「撤退」があったのは、事故発生から四日後の三月十五日とのことだった。水素爆発があり、放射線量は急上昇し、危険な状態にあった。そこで吉田は「高線量の現場から一時退避しよう。すぐに戻れるところに避難し、次の指示を待て」と伝えた。修羅場の原発構内。吉田の指示は作業員の口から口への伝言ゲームに頼った。いつの間にか、第二（原発）に行けとの指示として広がった。吉田の指示とは違ったが、吉田自身、第二に行った方が正解だったかもしれないと述懐している。

これは「危ないから逃げよう」とか、現場放棄、命令違反でもなんでもない。次の作業のための一時避難を指示されての行動だったのだ。朝日はこれを「命令違反で所員が撤退」と記した。

これでは所員が浮かばれない。命を賭し、身を削って鎮圧にあたってきたのに〝敵前逃亡〟扱いされてしまった。朝日報道は海外にも転電された。「原発事故作業員が持ち場から逃げ出した」。従軍慰安婦問題報道に続く朝日の〝影響力〟である。

資料の読み違いや解釈違いではない。「退避せよ」という部分をあえて「命令違反による撤退」とすり替えてしまったのだ。「退避を指示」ではニュースにならないが、「勝手に撤退してしまった」ならニュース価値はアップする。加えて東電、原発悪玉論はさらに盛り上がる。そんな計算からの捏造だったのではないか。

原発事故以降、メディアは原発の在り方をめぐって概ね「容」「反」に分かれて報道してきた。朝日、東京、毎日はどちらかといえば「反」、読売、産経は「容」だ。言論は多様であっていいが、どちらかに与《くみ》すればほかは見えなくなる。そしてスタンスに合わせた素材を欲しがる。朝日にとって吉田調書は好餌《こうじ》だったのではないか。

その後、調書を入手した産経新聞、読売新聞、共同通信が朝日解釈に疑義を挟む点検報道を行った。新聞社が新聞社に「それは違うよ」と突きつける光景はかつてあまりなかったように思う。今は、自社の正当性を訴えるため、相手を名指しで是正を求めることが増えてきたようだ。けっこうなことと思う。朝日はやっと腰を上げ、誤報と認めざるを得なくなり、記者会見を開くに至った次第だ。

ちょっと横道に入る。筆者は事件取材と併せて日本、世界の原発事情の取材にもかかわってきた。だから、吉田調書には大きな関心を払っていた。原発にはメシアと悪魔が共存している。危うさは存在する。しかし、エネルギー、電力消費社会をどう維持するのか。原発は高効率発電が可能で二酸化炭素の排出量もほとんどない。安全性さえ確保できれば、原発の優位性は高まる。筆者は容認派ではないが、仕方ない派である。

日本製の原発は中国、韓国、ロシア製に勝る安全性を有している。一九六〇（昭和三十五）年以後、商業用原発が各地に設置されたが、商業用での大きな事故はなかった。半世紀以上、安定して稼働してきた。世界ではチェルノブイリ、スリーマイル島事故から、一時、原発利用の萎縮時代にあった。しかし、日本は開発を続け、安全性、効率、環境負荷低減の新型原発を次々と送り出してきた。それが津波による非常用電源の水没で一瞬に……。

肩身が狭い東京電力も、朝日報道には断腸の思いを抱いていた。「事実と異なる」といった内容の抗議はしたが、朝日は「参考にしておく」とだけ答えたという。

東電本店で対策を練っていた幹部社員はこう憤る。「三月十四日から翌未明にかけて、必死で対応していた。十五日午前二時ごろに仮眠し、午前六時には本店側職員が招集された。現場も作業を続行していた。線量が上がるなどして一時退避が指示されたとはいえ、命令違反の撤退なんてなかった。吉田所長と行動を共にしていた幹部に話を聞いたことがある。吉田所長から『おれと死んでくれ』と言われ、命を捨てるつもりで取り組んでいたのです。朝日記事はそんな彼らの心を蹂躙《じゅうりん》した。それ以上に、どこで聞いたか、十五日午前五時半ごろ、菅直人元首相が本店に乗り込んできて、『全員撤退なんて、許さない』とがなり立てた。ひどい罵詈雑言を浴びせていた」

菅のその日朝の行動が記されたメモを見てみよう。

＊

「本部長は私、菅だ」

「被害は甚大だ。このままでは日本国は滅亡だ」

「撤退などありえない。命がけでやれ」

「逃げてみたって逃げ切れないぞ」

「六十になる幹部連中は現地に行って死んだっていいんだ。俺も行く」

＊

終始怒鳴りまくっていたという。これが一国の宰相の非常時の姿である。

朝日の誤報問題で怒り心頭なのが、ノンフィクション作家の門田隆将だ。門田はノンフィクション作品を何冊も上梓しているが、そのなかで原発事故後、吉田に長時間インタビューし、さらに、現場所員をはじめおよそ九十人の関係者を取材して『死の淵を見た男　吉田昌郎と福島第一原発の五〇〇日』（ＰＨＰ研究所）を著した。今回の朝日誤報問題が起きたあとには『「吉田調書」を読み解く　朝日誤報事件と現場の真実』（同）を出版している。門田は「週刊新潮」の記者、デスクを長く務め、筆者も長年、付き合いをいただいている。その門田が憤りを込めてこう語った。

「朝日の最初の報道を見て、目を疑った。あり得ないことばかり書かれていた。朝日新聞は自分たちの主張を通すために吉田調書を利用したのです。それも事実をねじ曲げて。反原発、再稼働阻止を主張したいために書いた恣意的記事です。慰安婦報道もそうでしたが、なぜ朝日は誤報まで犯して日本を貶《おとし》めるような記事を書くのか。ジャーナリズムの基本姿勢である『真実』の追求を放棄したとしか思えない」

門田が言うように、間違ったのではなく、意図性の強いつくりごとだったのである。社内、社外での厳しい競争のなか、靴底を擦り減らして取った情報が誤報となったのなら救いがある。しかし、今回の朝日の誤報に同情の余地はない。

その年十一月、二つの問題の責任を取って朝日社長の木村伊量が辞任した。辞任しても朝日の再生は容易ではない。失った信頼回復には長い時間がかかる。今から二十年以上前の朝日サンゴ事件もまだ記憶にとどまったままだ。

検察にも同じようなことがあった。小沢一郎関連事件、元厚生労働省局長の村木厚子事件。東西特捜部は事件を成そうと焦り、また政治的意図も加わったのか、証拠物を改竄し、捜査報告書をねじ曲げる不祥事が白日の下にさらされた。特捜部も今、立て直しに苦しんでいる。

それにしても朝日の慰安婦問題記事の一部撤回、吉田調書記事撤回が掲載されたあと、マスコミの朝日バッシングは、「親の仇」とばかりに激しかった。「週刊文春」は「朝日新聞の断末魔」、「週刊新潮」は「おごる『朝日』は久しからず」、新聞社系の「サンデー毎日」は「朝日新聞でいま　何が起きているのか！」

同業の新聞では、読売、毎日、産経、東京などが一面トップで論考を載せた。読売は特集を何度も組み、慰安婦問題に関する朝日の失態に触れた。新聞による新聞批判である。各紙の思惑もあった。朝日の弱り目につけ込み、朝日読者の剝ぎ取りにかかったのだ。読売は紙面で朝日の誤報を「これでもか」とばかりに大きく張り、拡販用に各戸に朝日不祥事を載せたビラ、チラシを配布した。水面下では仁義なき戦いも進行していた。

調査報道における朝日新聞の功罪に触れてきたが、あまり注目されなかった最近の朝日ヒット作を紹介しよう。掘り起こしの熱意がひたひたと伝わってくる力作である。

二〇一四年三月、朝日新聞は「警察病院入札で裏金」「秘書自殺　流れた捜査」の記事を掲げた。二〇〇五（平成十七）年の東京警察病院の建設工事入札に絡んで、落札した西松建設から警察幹部らの秘書が計二千万円の裏金を受け取っていたという疑惑だ。西松建設は小沢一郎関連事件の端緒をつくった企業で、検察は警察病院疑惑も視野に捜査していた。

記事は元警察庁長官・後藤田正晴（故人）の元秘書と国家公安委員会委員長だった村井仁の元秘書の関与を指摘した。当時の捜査でも要件はそろっていて、事件になる可能性は十分だった。しかし、二〇〇九（平成二十一）年二月、村井の元秘書が自殺した。捜査は未解明に終わった。村井はその後、長野県知事に当選した。

事件が復活する可能性はない。死んだ事件である。それをあらためて取材した。西松の元幹部らは二人への裏金支出を認めた。「こんなことが裏で」という疑惑の存在が公になった。疑惑を再検証し、世に出した意欲作である。調査報道の新しい試みとも言える。リスクを背負いながら成功した事例である。ここは拍手を送りたい。

四　情報誌の役割

マスコミ報道と捜査は基本的に相容れない水と油の関係にある。しかし、世論が検察の背中を押すこともある。ロッキード事件しかり、リクルート事件しかりである。萎みそうな事件を再点火するため、マスコミを利用するケースもあった。調査報道や記者の独自ネタを事件に結び付けた例も少なくない。

かつて一匹狼を誇りにしていた検事は、ネタ探しに躍起だった。「自分の事件として成就させたい」が願望だった。だから、記者らに「御用聞きではなく、ネタを持ってこいよ」と催促する検事もいた。

捜査、調査を領域とする当局者は新聞に目を凝らす。そして、さらに、裏情報に詳しい雑誌、情報誌に端緒を発見しようとした。

ここで、新聞、テレビについては縷々《るる》触れてきたので、雑誌、情報誌の役割に少し接してみる。月刊誌が相次いで廃刊に追い込まれているなか、週刊誌はまだ頑張っている。「週刊新潮」はみんなの党代表だった渡辺喜美の八億円問題、「週刊文春」は偽ベートーベン問題などを記事にし、世に送り出した。朝日新聞の誤報問題では週刊誌はバッシングの嵐を浴びせ、民主党代表だった小沢一郎関連献金事件では小沢擁護派、批判派に分かれて洪水のように記事を流した。休刊になったが、「噂の眞相」は東京高検検事長のスキャンダルを炙り出し、辞任に追い込んだ。

雑誌はストリートジャーナルを自任している。週刊誌記者の粘り腰は見上げたものだ。新聞が書かない、あるいは書けないネタを堂々と張る。新聞が後追いし、世の中を動かした記事は多い。もちろん、硬派記事を扱う傍らで、男女スキャンダル、下ネタ、ゴシップ記事も誌面を飾る。新聞は一点集中、雑誌はバラエティーな展開だ。

新聞記者と雑誌記者は互いに情報収集力を尊重し合いながら、情報交換を欠かさなかった。雑誌のフットワーク、新聞記者の筋読みが双方を補強させてきた。昔、筆者宅には夜回りに来る週刊誌記者、フリーライターもいたほどだ。しかし、雑誌側の記事は訴訟リスクも高い。高額賠償判決が恫喝《どうかつ》的に慎重姿勢に転じさせているようだ。

情報誌はどうか。「現代産業情報」が東の横綱格として存在感を示してきた。二〇〇四（平成十六）年三月、五百号記念パーティーが東京都内で開かれた。筆者も壇上に立ち、スピーチした。会場にはマスコミ、企業人、政界関係者らのほか、内閣情報調査室、警察、特捜部ＯＢ弁護士らが顔を見せていた。

現職の検察、警察、国税職員らがこの雑誌を〝愛読〟し、ネタを探っていたからだ。主宰者は石原俊介（故人）。石原から直接情報を聞く当局者もいた。もちろん、マスコミの多くも出入りしていた。

創刊して三十数年。月二回発行。内容は事件、政界、企業などの情報だ。新事実があれば裏情報もあり、鋭い見通し記事も掲載されていた。目が離せなかった。

情報誌は最盛期には一千誌ほど発行されていたとされる。内容は玉石混交である。とはいえ、悪口を書かれたくない企業、裏情報を求める企業は、協賛金名目などで資金提供していた。しかし、一九九七（平成九）年の金融機関利益供与事件で経済界は反社会勢力と縁切りを宣言し、その余波で情報誌購入もストップしてしまった。

情報誌は相次いで廃刊に追い込まれた。こうしたなか、「現代産業情報」はまだスポンサーがついていて生き残った。唯一の有力情報誌として、各界に影響力を行使していた。ところが、二〇一三（平成二十五）年四月、石原ががんのため七十一歳で病死し、終刊を迎えた。

石原の死去直後、NHKから「ニュースウオッチ9」に出演を依頼された。『情報誌の時代の終焉」がテーマだった。筆者は喉のがんの手術直後で、声がガラガラだった。断ったが、熱心に取材していたようで、「もう余禄　どうでもいいぜ　法師蟬《ほうしぜみ》」（俳号・変哲＝俳優・故小沢昭一）の開き直りで引き受けた。話したことは「石原さんとは二一年以上の付き合いがあった。情報交差点の真ん中で舵取りをしていた。社会の健全性は情報源の多さによって示される。その一角が失われた」などだった。

「現代産業情報」について詳細を知りたければフリーライター・伊藤博敏が書いた『黒幕　巨大企業とマスコミがすがった「裏社会の案内人」』（小学館）を参考に。

情報誌が消えて、情報がなくなった。巷《ちまた》にあふれているのは責任所在を明確にしないネット情報ばかり。取材も分析もない、他愛ない伝聞情報が大半だ。企業人は役所の発表情報の真意や新聞、テレビが発するニュースの背景を知りたい。情報に飢えている。情報誌が影を潜めていくなかで、定期購読月刊誌の「選択」、「ＦＡＣＴＡ」などが健闘している現今ではないか。

検察担当になって、情報誌だけではなく、媒体をもたない情報筋の情報も求めた。政治家の私設秘書が担う調査機関。そしてブラック筋などだ。前者では社会党参院議員だった目黒今朝次郎《けさじろう》（故人）の「目黒機関」が有名だった。情報を収集していた当時の特別秘書・重本宏は事件関係を担当していた。仕手集団・光進による国際航業の株買い占め事件では、内情に精通し、一日に何度も情報交換した覚えがある。

大型事件が起きると、概ねディープ・スロートの影がちらつく。突き止め、接触しないと遅れを取ってしまう。ブラック筋も大事な情報源だった。親しくなっておごられると、必ずおごり返した。借りをつくらないことだ。東京・目黒のホテルではなぜか地下の部屋を事務所にしていたその筋の人物を取材した。別に、目白の有名ホテルでは上階に部屋を構える事件屋から話を聞いたこともある。大阪の暴力団事務所を訪ねたときは、神棚の下に日本刀がキラキラ光っていた。

かつて、発掘捜査を求めた検察は情報誌主宰者もブラック筋も情報源にしていた。特捜検察捜査の礎《いしずえ》を築いたとされる検事の河井信太郎《のぶたろう》（故人）も清濁併せ呑むタイプで、こうした人脈からネタを引き出していた。筆者が知る昔型の猛者検事は大概が虎穴に入って情報を渉猟していた。

エピソード

いまは亡き猛者たち

思い出話です。「現代産業情報」の石原俊介さん（本名・石原俊《たかし》）は群馬県桐生市出身で、工場労働者となり、共産党に入党した履歴を持っています。裏社会との付き合いも多い人でした。

検察担当記者になったころだから、二十年以上前、誰の紹介もないまま「東京新聞の村串ですが」と電話をすると、石原さんは「待っていたよ。連絡があると思っていたよ」と迎えてくれました。事務所で事件、マスコミの情報を教示してもらいました。石原さんから電話がくることも年中で、「村ちゃん、この見方、どう思う」でした。

村井四郎さん。検察ウオッチャーとして鳴らしたジャーナリストです。情報誌「マスコミ時代」や「潮流ジャーナル」、月刊誌「財界展望」などに寄稿していました。

日通事件で被疑対象の自民党代議士と検事総長が料亭で会食していた会食事件をすっぱ

抜きました。検察は誰が漏らしたのかと、村井さんを事情聴取しましたが、もちろん、内実を明かすことはありませんでした。会食事件の発覚で日通事件の捜査検事らはトップの不逞に怒り、血判状騒ぎに至ったわけです。

先ほどの「マスコミ時代」の発行人は大橋一隆さんで、筋金入りの編集人でした。二〇〇〇（平成十二）年、がんで死去し、村井さんが発行を引き継いだのです。筆者は「武士の商法で経営は無理。やめなさいよ」とアドバイス。その通りで間もなく手を引きました。

村井さんは二〇〇九（平成二十一）年、食道がんのため亡くなりました。前年、「村ちゃん、どうも食べ物が喉につかえる」と電話がありました。筆者も食道がんをやっていたので「病院で診てもらいなさいよ」と勧めました。やはり、食道がんで、病巣は胃まで広がっていたとのことです。食道切除の手術を受けましたが、力尽きて亡くなりました。

検察関係資料をお借りし、北京に行くときはお守りを持たせてくれました。清貧を通した方で、おカネなどないのに、筆者ががんになったときは三万円ものお見舞いを包んでくれたのです。日本酒をおいしそうに飲んでいた姿が忘れられません。

第六章

検察、国税、警察、弁護士

一　国策捜査

検察はいつもターゲットを据えていた。利権政治家、政商、黒幕、裏社会の人物らである。

古くは貸金業者の森脇将光。貸しビル業などを営む吹原産業社長と共謀した詐欺案件の吹原産業事件で逮捕された（森脇の詐欺は無罪）。衆院議員で国会のマッチポンプとして知られた田中彰治は東京・虎ノ門の国有地払い下げをめぐって国際興業社主だった小佐野《おさの》賢治に対する恐喝などで逮捕された。その小佐野や政財界のフィクサーとされた児玉誉士夫らの動きも特捜部は探っていた。政治家では中曽根康弘、竹下登、鈴木宗男らに目を光らせた。ひょっとすると小沢一郎もそうだったのかもしれない。

その時代、自民党は隆盛を謳歌していた。強固な支配権力を確立し、地位利用で甘い汁を吸う自民党議員が闊歩していた。検察は自民党の利権政治家と対峙していた。強き体制をくじく野党的役割を担っていた。マスコミも検察と同一価値を共有していた。権力者（強き者）を監視するのはメディアの役割というマニュアルによるところだ。

マスコミは特捜部の仕事を絶対視し、疑問を抱かなかった。特捜捜査を正義の剣と思い込んでいた。マスコミは検察の提灯記事を流すだけだった。遠山の金さんだから、批判をぶつけることはなかった。

検察が起訴した事件の九十九パーセントが有罪である。世界標準から見れば、信じがたいことである。民主国家として不自然ではないかという見方もある。日本検察は証拠が薄く、有罪を取れないかもしれない事件は〝捨てている〟からでもある。そのうえ、判事が検察官調書を信じ切り、その結果が九十九パーセントを可能にしたとも言える。しかし、九十九パーセントのなかに無罪、冤罪はないのであろうか。その実態についてはいずれ触れる。

要するに、かつては検察捜査に正義だけを見いだしていたのである。そんな時代に訪れたのが国策捜査主義である。この国家迎合捜査は無罪も多数生み出した。

バブル崩壊を背景に金融機関が不良債権を抱え、破綻への道を転がり落ちた。金融機関救済、預金者保護を名目に国費が投入された。その際、経営陣の刑事責任は問われなくていいのかという理屈が持ち上がり、検察が国に寄り添う形で悪人を斬り、国民を納得させる仕事を始めたのだ。

本来的意味での国策捜査第一弾は一九九五（平成七）年の二信組事件である。乱脈融資などで傾いた東京協和信用組合と安全信用組合に公的資金が投入された。日銀が金融機関救済のために出資する初めてのケースだった。国は経営陣を刑事面で責任追及するよう促した。検察は呼応した。孤高の捜査からお国のための捜査への転換である。

国策捜査にはいろいろな考え方がある。元ＮＨＫ司法記者の小俣一平、朝日新聞の村山治、同じく元朝日の松本正（現・中央大学特任教授）が二〇一四（平成二十六）年七月の「法と経済のジャーナル」でロッキード事件を軸に鼎談している。要約する。

「東京地検、東京国税局、警視庁が児玉さんに対する脱税容疑で強制捜査に乗り出しました。以後は当局の動きに合わせて疑惑を書き進める報道が主になります」（松本）

「政権や国会、世論の要請に応えた捜査を国策捜査と定義すれば、ロッキード事件は究極の国策捜査だった」（小俣）

「世論を代弁するメディアのエールは、検察首脳にとってありがたかったと思います」（村山）

戦前の政治検察、終戦直後の昭和電工疑獄、平和相互銀行事件などにも国策捜査という側面がないではなかった。しかし、今日型国策捜査とは内実がやや異なる。今日型は検察捜査の転換点と関連しているからだ。自ら掘り起こして事件に取り組む姿勢が薄れ、ネタを外部に頼る傾向に切り替わるわけだ。二信組事件が分水嶺だったと考える。

二　事件担当キャップ

一九九二（平成四）年ごろ、北京留学から戻った。いやだと思った北京駐在も帰ってみれば懐かしい。北京でも事件関係の情報交換はしていた。雑誌記者、情報誌発行人、弁護士、ＪＲ関係者らだ。電話代が大変だった。雑誌、情報誌も送られてきた。だから日本で何が起きているかは把握できた。北京ではベルトからポケットベルが消え、喪失感を覚えたが、ポケットベルはまたベルトに戻ることになった。

さて、また仕事。社会部デスクになった。ローテーション仕事で、夕刊当番のときは午前七時ごろまでにデスク席に着く。朝刊のときは午前二時ごろまで原稿をいじり、それから泊まりの記者と一杯となる。仕事が終わればあと腐れはないが、長時間椅子から離れられないため、卓上の灰皿は山盛りとなり、尻が痛い。

このころはゴルフを盛んにやった。検察、国税、警察、弁護士らとだ。忘れられないのが検察幹部と行った茨城県のゴルフ場。主催は筆者。ところが、プレーを終えて支払いの段になったとき、某当局幹部は何事もなかったように帰ろうとする。呼びとめて自分の支払いを促し、「あ、そうか」だった。なるほど、年中、接待ゴルフに与っていたのだなーと理解した。

デスク業を二年近くやり、一九九四（平成六）年から司法記者クラブキャップと事件遊軍キャップの二股稼業に入った。司法記者クラブは二度目のお勤めだ。

東京新聞の司法記者クラブは六人の陣容だった。他社に女性記者が増えているのにびっくりした。警視庁記者クラブも同じ傾向だった。事件遊軍は中日新聞日比谷分室（現・東京新聞本社）に部屋を構えていた。五～六人の記者が獲物を狙っていた。双方、別々で取材をし、また、あるときは合同取材となった。事件内容を勘案して取り組みを決めていた。いずれも精鋭がそろっていた。

この時代の事件を語る前に生活状況を紹介しよう。裁判所で午前十時開廷の裁判があるときは、原稿を確認して本社に流す。午後は昼メシを食べて昼寝するなりしてから、検察幹部、国会の政治家、情報誌関係者らと懇談する。夕方からは朝刊用の原稿を流し、そのあとは記者の夜回り情報を待つ。戻った記者に特ダネ要素があれば「急いで書け」。送り終わると十一時、十二時。それから日比谷分室に行って事件遊軍と合流する。事件遊軍原稿を処理し、新橋方面へ流れる。遊軍記者は「じゃあ、次は新宿へ」。彼らに付き合っているると明るくなってしまう。

この当時、年末年始はなかった。新聞社勤めの宿命だが、大晦日を自宅で過ごしたことがない。紅白歌合戦も会社で見たし、除夜の鐘も会社で聞いてきた。締め切りが過ぎると、コップ酒で「ご苦労さん」「今年もよろしく」とやり、とぼとぼ帰路につく。元日の朝は駅に行って売店で新聞各紙を購入し、家で記事を点検する。「たいしたものはない」とまた布団にもぐりこむ。各社とも年末に事件関係の特ダネ原稿を溜めこみ、元旦紙面で打つのがならわしだったからだ。今は前倒しで、年末から早打ちしている。

正月の二日か三日は他社の記者らと連れ立って東京・井の頭公園近くの東京地検検事正宅にお邪魔する。正月料理をいただき、お酒をごちそうになり、帰り道は居酒屋で歓談して引き上げる。新年は特捜幹部宅も回る。ヒラ検事が来ていることが多く、一緒に酒を飲む。年末、年始だけはヒラ検事との接触を大目に見てくれた。

事件の話に戻ろう。検察捜査はゼネコン汚職事件を終え、なぎ状態にあった。検事総長は吉永祐介になっていた。前任総長の岡村泰孝が早期勇退し、大阪高検検事長だった吉永を呼び戻したのだ。奇跡のカムバックと言われた。特捜部長は宗像紀夫。検察庁舎は廃屋のような暗い建物からピカピカの高層ビルに替わっていた。

キャップに就任してすぐ、ブースで検察担当の白石徹（現・中国総局）が悩んでいた。中程度の特ダネを摑んできたが、書けば出入り禁止になる。こちらは「出入り禁止でもいいから書いてしまえ」。そこに夜中の十二時ごろ、白石の先輩記者である瀬口晴義（現・社会部長）が戻ってきて、「瀬口君、どうする」と聞くと、「書きましょうよ」。決まり。

最終版に特ダネとして入れた。

白石は翌朝の回りで宗像を囲んだとき、出入り禁止を通告された。白石から自宅に電話が入った。「出入り禁止ですよ。何をすればいいんでしょうか」「けっこう。風呂にでも入って、あとは映画でも見ていればいい」

白石はこの出来事以降、前打ち報道を乱発する。筆者が二度目の司法担当時代、東京新聞は八割ぐらい出入り禁止をくらった。白石は出入りができなくても電話は〝通関〟がないからと、電話魔と化していた。サブキャップ以下、こうした面々。安心して寝られた。

三　弁護士から絶交宣言

一九九五（平成七）年は阪神・淡路大震災、地下鉄サリン事件で始まった。霞ケ関駅だかどこだかの駅で東京新聞の女性記者が倒れたと一報が入った。事件遊軍の仕事を応援してもらっていた記者だった。ぎょっとした。通勤途上にあったが、しかし、無事だった。東京新聞日比谷分室は地下鉄霞ケ関駅のすぐそばにある。状況取材のため駅に入ろうとする記者もいたが、制止した。見るのが商売とする記者魂は立派だが、とどまる勇気も必要だ。

サリン事件で被疑者らが警視庁に逮捕されたのちの日、検事総長の吉永祐介からポケットベルが鳴った。当時は携帯電話などなかった。土曜日だった。「来られないか」。ジーパン姿で東京都内の検事総長官舎を訪ねた。よれよれの格好だから警備の警察官が不審がった。

けっこうな豪邸である。ニコニコ迎えてくれた。分厚い書類を取り出し、牛乳瓶の底のような眼鏡で冷徹に視線を投じ、「マスコミ的にこの情交のくだり、どう受け止められるかな」。即座に毎日新聞・西山太吉記者に対する起訴状だったか冒頭陳述だったか、「情を通じ」を思い出した。検事だった佐藤道夫（札幌高検検事長で退官、国会議員に。故人）がこの文言を編み出したという。あまりいい語感ではないと思っていた。吉永に「必要ないでしょう。立証にかかわるのですか」。

そこは削除されたようだ。まあ、それでも吉永は自宅に持ち帰ってまで書類チェック。「何もそこまで」と言う現場検事も少なくなかったようだ。吉永の徹底主義のなせるところだろう。

マスコミ先行報道を嫌った吉永は、マスコミの評価も気にする。マスコミ情報も大切にする。筆者が〝信頼〟の対象にあったのかどうかは知らない。でも、ちょくちょくポケベルが鳴った。ある日は検事総長室に来てくれと言う。行っても事件の筋、流れ、予定はしゃべらないから無駄である。で、何事かと聞けば、「公務で北京に行くんだけど、土産は何がいいかなー」。うーん。「女性にはシルクのパンティーですよ。軽くてかさばらないし、税関もフリーパスだから、変態と思われない。男性用は、検事は大酒飲みだから片仔《ヘンシ》廣《コウ》という肝臓にいい漢方薬はどうですか」

またある日は、「ゴルフは頭のてっぺんから尻の先まで鉄棒が入ったようにスイングするんだよ」と教示いただいた。精密司法の達人を忘れさせるひと幕だった。

一九九五年四月、検事総長の椅子を吉永が東京高検検事長の根來泰周《ねごろやすちか》（故人）に禅譲するかどうかが焦点になった。吉永は筆者に「北京に行くから、それで察して」。ならば「次期検事長で一番早く辞める人は」と水を向けると、「そりゃ、根來だよ」。続投宣言である。事件重視の人材を後継に登用したかったのであろう。

北京から帰ってきた吉永はまさにパンティーを買ってきた。肝臓漢方薬も。お裾分けいただいた。その年七月に六十三歳の定年を迎えた根來は検察を去った。後任総長に土肥孝治が就いた。根來はその後、公正取引委員会委員長に就任し、プロ野球コミッショナーになった。

こんな時代だったが、二信組事件は始まっていた。サリン事件で存在感は薄くなっていたが、これが国策による金融機関捜査の始まりだった。乱脈融資で破綻状態となり、救済のため国が資金を注入する。国の支援を仰ぐなら経営陣の刑事責任を追及しなければならない。パターンは住宅金融専門会社、銀行、証券事件へと続いていく。

東京地検次席検事だった石川達紘の見解はこうだ。「公的資金が投入される。国家意思の実現と言える捜査にかかわることも必要になるかもしれない」。そのころまでは自民vs.検察の構図にあった。しかし、バブルが崩壊し、新自由主義の到来で自民党を叩くだけの時代は終わった。事件対象は経済事件に求めることになった。のちの金融・大蔵事件、ライブドア事件、村上ファンド事件、談合事件、日本長期信用銀行（現・新生銀行）、日債銀、大手企業の粉飾決算事件に対応する検察を予想していた。

二信組事件の取材で記者クラブは忙しかった。東京協和信組理事長だった高橋治則（故人）らが相次いで逮捕された。高橋はリゾート開発会社「イ・アイ・イ」グループを率い、資金を金融機関から調達しては国内外で物件を買いあさり、リゾート王の異名を持っていた。大きな財布は長銀だったが、自ら理事長を務める信組からも引き出していた。

捜査の手が迫ってきたころ、彼は検察対策を講じ始めた。同郷のヤメ検弁護士らに依頼を考えていた。しかし、問題含みの弁護士だった。弁護士は著名事件を引き受け、名を売りたがる。ロス疑惑事件のときも解任された女性弁護士から電話があり、日比谷公園のコーヒー店で相談を受けたことがある。人権派弁護士と言われた。でも、「潮時でしょう。

傷つきますよ」と言った記憶がある。

弁護士選任で高橋は最終的にかつて特捜部検事だった矢田次男に依頼した。矢田は弁護士になってから頭角を現し、今は二十一人の弁護士を抱え、ヤメ検の成功者となった。芸能関係の揉め事、名誉毀損案件、脱税、特捜事件に強く、芸能関係プロダクション、マスコミ人で矢田の名前を知らない者はいない。

高橋に会って取材した。端正で何億ものカネを動かす人物とは思えなかった。高橋が関係する事件の構図は矢田が把握していた。

ある日、記者二人を連れて矢田に話を聞きに出掛けた。資金調達、使い回し、返済方法など、中身のある内容だった。いわゆる背景説明であったが、当社記者はこれを参考に記事を書いた。土曜日夜、ゴルフから帰ってくると、電話で「原稿を出したい」と言う。「そりゃ、まずい。矢田さんにはこれから取材することがいっぱいある」「キャップは事実を摑んだら書くべきと言ったじゃないですか」「うーん、いいよ……」

翌日朝、矢田から電話があった。「絶交」。以降、事務所に電話をしても出ない。女性事務員は「不在です」。なんとか修復しなければならない。矢田は毎週土曜日、事務所に出向き、仕事の整理をしていた。土曜日に電話をすれば本人しか出ないだろう。目算通り、本人が出た。「もう、いいでしょう」「ほかの社の手前があったからね」。その日は青山あたりで軽くやった。

二信組事件は高橋ら旧経営陣を背任で逮捕すると同時に、大蔵官僚のたかり構造も炙り出した。しかし、検事総長・吉永祐介が国策捜査だけで終わらせるわけがない。退官を間近に控え、政治家逮捕を花道にしたいと考えているはずだ。狙いは元労相・山口敏夫だった。

四　遊軍記者

キャップとして神経を張り詰め、疲れていた。四十歳代だった。しかし、兵隊記者だって夜回り、朝回りでさらに疲れている。「もう、朝回りをやめろ」と言った。すると、「朝の囲みの情報も記事になる。抜かれていいのですか」と返ってくる。「通信社に任せればいいじゃないか」「だってキャップ、抜かれるのは嫌なのでしょう」。またもうーん……。記者を引きつけておく、検察の手なのだ。

自身も取材に歩いた。というより、検察関係者とよくゴルフに行った。丸一日の付き合いになる。絶好の取材チャンスだ。とまあ、仕事オンリーと思うかもしれないが、自分もやりたくてセットしたゴルフプレーである。遊びが大半だった。

ゴルフ場でスタートホールに行くまでにぶつぶつ言っている検事がいた。何かの日程、被疑者の人数をしゃべっている。独り言なのだろう。そして「明日はないよ」。昼食時、トイレに行くふりをして電話をした。「今日の原稿出しはやめておけ。人数は三人だよ」

また、ある日、最高検の検事から東京・新橋の飲み屋に誘われた。そうとういける口の人だ。酔ううちに、お土産なのか何なのか、やはり独り言を言っている。事件の家宅捜索や逮捕の日程などだ。背任の金額も言っていた。数字は忘れてしまうのでトイレに駆け込み、メモ帳に書き込んだ。その暇がないときは、こっそりボールペンで腕に数字を書いた。向こうも事件の評価をしきりに聞いてきた。水と油の関係でありながら、持ちつ持たれつの関係でもあるのだ。

一報が大事な時代だった。抜かれれば何回も述べたように三位決定戦。事件内容、被疑者、着手日をどう読むかに心血を注いだ。着手当日の写真撮影も競い合いで、「やった」「負けた」の悲喜が日常だった。

着手日をめぐって忘れられない出来事があった。昭和末期ごろの特捜事件で、大手商社が絡んでいた。着手は翌日と分かっていた。どこも打ってこないだろうと楽観していた。用意していた原稿を出しに会社に行った。予定稿を見た編集局長が「今日、打てないのか」と問うてきた。打てば出入り禁止になるし、それほど前打ちが必要な事件とは思わないと言った。しかし、翌朝、何紙かに載っていた。特捜部は事件着手を延期した。仕切り直しなのだからと、夕刊に原稿は書かず、自宅にこもった。しかし、当番デスクは通信社原稿を使ってしまった。腹が立って、そのデスクとはその後、口をきかないことにした。

着手ずらしは国税絡みの事件でもあった。脱税請負人事件で、関西のエセ同和が絡んでいた。「強制捜査へ」を某新聞が打った。未明、新聞情報を入手した。午前三時ごろ、特捜部の担当検事に電話した。「えー、載っているの」。着手延期指令が出た。スタンバイしていた多数の捜索部隊への撤収連絡にてこずったという。一週間か二週間後にあらためて強制捜査に踏み切ったが、新聞を見たのか、被疑者探しが大変だったという。京都から出た人物が東京方面に向かっているとの情報から、新幹線に箱乗りし、東京駅に着いて階段を降りるところで「○○さん」と声をかけると「なんですか」と振り向いた。御用。九州に隠れた被疑者は釣りが好きだというので、国税の力を借り、編み笠に釣り竿を用意して待機し、現場にやってきた人物を逮捕したという。

長銀の粉飾決算事件のときもそうだった。特捜部と警視庁などの合同捜査だった。複数の当局がかかわれば、情報は漏れやすい。新聞、テレビの各社は「近く本格捜査へ」「明日にも取り調べ」「今日、強制捜査」などを前打ちし、過熱していた。着手本命の日、検察はリークとされたくないため、その日の着手を外し、予定より二日遅れで実行した。前打ち報道は誤報となった。合同捜査の警視庁は「なんの相談もなくて」とむくれたという。

前に述べたリクルート事件でもそうだが、一報の入手合戦は激しかった。今、思えば、〝知っているぞ〟という自己満足かもしれない。消耗戦であり、むなしさも覚えた。しかし、一報で抜かれれば、何回も言う三位決定戦である。現在は内容勝負に徹し、一報はそれほど重視されていないという。ある社会部長は「初報に精力を使うより、分析、背景、意味を伝達することが大事」と言うが、筆者は一報に未練を残しながら、むべなるかなとも思う。

二信組事件の山口敏夫。検事総長の吉永祐介は一九九六（平成八）年一月に退官する腹を決めていた。経済事件で始まったが、「これで終わったら特捜部として恥ずかしいよ」とはっぱをかけた。山口が信組から親族企業に計二十七億円の不正融資を実行させたという背任事件を頭に描いていた。退官前年の暮れ、特捜部は山口を逮捕した。国策捜査で始まった事件を政治家案件に発展させた。潜んでいた不正を摘出し、事件は終結した。

そして吉永は退官した。退官後、吉永を他社の記者と一緒に囲む機会が何回かあった。眼光の鋭さは消えていなかったが、表情に柔和さを感じた。あるとき、トイレから戻る際、隣の部屋の宴席に入ってしまった。そこにゼネコン事件で疑惑をもたれた政治家がいた。

「あ、失敬と言って帰ってきたけれど、びっくりしたなあ。僕は政治家と宴席を一緒にしたことはない。今度が初めてだった」といたずらっぽく笑った。

一方、東京新聞事件遊軍。独自調査ものを狙っていた。それがなんと現職検察幹部の接待疑惑だった。遊軍は幹部が利用したタクシー会社、ゴルフ場などの取材を重ね、幹部が手土産にもらったものまで解明していた。山口敏夫の逮捕が迫っている時期だったが、検察担当も遊軍担当もこの疑惑に執心していた。「百パーセントの裏付けがあります。どうするかはキャップに任せます」だもんね。脅迫だな。ちょっと悩んだが、ゴーサイン。リアクションはすべて受けるつもりで記事にした。翌日、その幹部に呼ばれた。どういう意図か、続報があるのか、などと言われた。しかし、クレームではなかった。

遊軍には力があった。各社とも力自慢を集めていた。そういう時代だった。自力発掘、独自ネタの取材に熱き思いを抱いていた。評論派、書斎派ではなく、ファクト主義だった。このころの現場主義、調査報道は気持ちがよかった。政財界は何が飛び出すのかと、こうした報道を畏怖していた。

東京新聞で急先鋒として活躍したのが、当時、遊軍担当だった市川隆太だった。二〇一四（平成二十六）年夏、脳出血で急逝した。特報部に勤務し、北陸本社報道部長として就任し、その北陸で倒れた。部下から慕われる記者だった。取材はしつこい。何本も支柱を用意していた。ネタを持ってきて「そこは大丈夫か」「ここはどうだ」と聞くと、即答してくる。安心して記事にできた。まだ五十四歳だった。

さて、検察は二信組事件捜査を終え、一九九六年から国策捜査第二弾の住専事件にシフトする。検察、警察、国税が三位一体《さんみいったい》となり、捜査の網を全国に広げていった。だぶついたカネを金融機関が住宅金融専門会社に貸し、それが不動産投資に回る。そして焦げ付く。米国のサブプライムローン問題を先取りする構図だった。政府、大蔵省は貸し手、借り手双方の責任を問うため刑事責任の追及を求めた。検察はますます国策捜査にのめり込んだ。そして返す刀で今度は盟友だった大蔵省を犯罪対象とする捜査に突入することになった。

エピソード

世界の検察

海外検察事情をちょっと紹介します。

韓国検察は揺籃期にあるようです。国民の信頼度は低い。ときの政権の意向を反映しての政治捜査、目こぼし捜査は数知れない。検察は、退陣し、あるいはレームダック状態にある政権の疑惑摘発を定番としてきました。

韓国大検察庁（最高検）中央捜査部は元大統領・李明博《イミョンバク》の実兄に不法金銭収受の疑いがあるとして二〇一二年夏、逮捕しました。大統領が現職中のことでした。李明博の前任大統領の盧武鉉《ノムヒョン》（自殺）も槍玉に挙げられました。全斗煥、盧泰愚《ノテウ》、金泳三《キムヨンサム》、金大中《キムデジュン》らも本人や親族が不正蓄財などで検察当局に摘発されています。

政権もそうですが、検察も幹部になると親族がたかってくる。強大権力だからです。就職試験で、親は子どもが外交官になるとがっかりし、検事就任が決まると喜ぶという風土です。だから、地位を利用した本人、親族の利権漁り事件があとを断たない。検事総長が辞任するケースもあったのです。

国民の検察不信を補うため弁護士らで構成される特別検察官制度が設けられました。屋上屋を架すようですが、韓国検察は特別検察官によって公正を維持しているようにも見えます。産経新聞前ソウル支局長のコラム問題での起訴、大韓航空〝ナッツ・リターン〟の女性副社長の逮捕などは検察の出番です。〝ナッツ〟では地裁が懲役一年の実刑判決を下しました。

台湾検察は特捜部長を務めた五十嵐紀男さんらが運用方法などに尽力した歴史がありま

す。しかし、ここも政治検察の感は否めない。前任政権の摘発です。国民党支配時代の晩年に総統として登場した李登輝《リーテンフェ》。民主化に貢献し、日本との友好関係を深めた人物です。

二〇一一年、李登輝は検察によって起訴されました。南アフリカ共和国との外交関係構築のために使った機密費を、公金横領とされたのです。李登輝に代わって総統になった民進党の陳水扁《タンツイピイ》も、退任して国民党の馬英九《マーインチウ》が総統に就くと、二〇〇八年、マネーロンダリング、収賄などの疑惑で最高検特別捜査チームによって逮捕されました。権力を握った政治家に親族や周辺人物が寄り付く構図は韓国と同じです。「義」と「族」に応える国柄からでしょうか。

フランスの制度は複雑です。検事は警察の捜査指揮や公訴提起権を有しています。検事は政府が任命しています。その一方、裁判官の予審判事はあらゆる捜査にタッチできることになっています。

二〇一〇年前後、フランスの富豪夫人による海外資産隠し、サルコジ元大統領陣営への献金、脱税疑惑などが現地報道で明らかになりました。夫人の名を取って「ベタンクール事件」と言われます。疑惑を最初に捜査したのは検事ですが、大統領が「友人」と呼ぶ人だったようです。公正さが疑われ、政治的独立性の強い予審判事に捜査が移りました。

その後、サルコジ元大統領は大統領選に絡む違法献金疑惑に関し、不正に捜査情報を入手しようとした疑いで、二〇一四年七月、身柄を拘束されました。現・オランド政権になってからの出来事でした。どの国も「水に落ちた犬は叩け」ですね。

イタリア検察は激しい。ベルルスコーニ元首相には汚職、少女買春、脱税など数々の疑惑が持たれました。元首相は免責法など都合のいい法律を制定し、また、公判引き延ばしなどで当局の追及をかわしてきました。

二〇一一年、ミラノ地検のイルダ・ボッカシーニ検事が、未成年者買春罪などで起訴しました。この検事はマフィア捜査にあたっていた上司らが爆殺され、マフィアと対決するためシチリアに異動願を出しました。そして上司殺害を命じたマフィアの総帥を逮捕しました。イタリアでは「鉄の女」と呼ばれています。捜査官魂にあふれた検事です。

中国にも検察制度はあります。二〇一四年十二月の新聞報道に、最高人民検察院（最高検）が汚職などで共産党常務委員を捜査していると載りました。検察が機能しているように見えますが、取り締まりの中心は党中央規律検査委員会で、その指示に従ったものです。

国も広いが賄賂額もケタ外れです。二百億元（約三千九百億円）というのもありました。役人は特権を駆使し、カネ、金塊、高級酒、女までなんでもガブ飲みです。最高人民検察院は二〇一四年中に汚職で摘発された公務員が五万人以上だったと報告しています。

習近平《シーチンピン》政権は腐敗一掃に「虎（大物）もハエ（小物）も叩け」作戦を展開中ですが、叩く方も万事きれいとは言えないだけに、賄賂天国の汚名返上までは遠いことでしょう。

米国の連邦検事は大統領が任命する政治職です。地方検事は選挙によって選ばれます。これとは別に政府高官らの犯罪を捜査する「独立検察官」「特別検察官」などが設けられましたが、政治的中立性の欠如や強大な権限への反発などから存廃を繰り返しています。

第七章

検察捜査

一　検察の〝特ダネ〟

時間を遡る。一九九三（平成五）年三月のことだ。筆者が北京から戻り、司法記者クラブキャップになる前で、社会部デスクを担当していたころの話である。

金丸脱税事件。三月六日夜、夕刊デスク業務を終えたが、なんとなく帰りそびれて会社に残留していた。そこに、自民党副総裁だった金丸信が脱税容疑で逮捕された。一報が入ったときは電撃、寝耳に水だった。どこの社も同様だったらしい。検察の〝特ダネ〟事件だった。

三月六日土曜日の夜八時ごろ、東京地検次席検事から発表があると各社に連絡が入った。

「土曜日に何だろう」といぶかる記者。社員旅行に行っていたクラブ記者もいた。蓋を開ければ「脱税容疑で金丸氏を逮捕しました」。みんな仰天した。田中角栄の衣鉢を継ぐ政界の最大実力者だった。目と耳を疑った。

発表内容はそっけなかった。逮捕容疑、被疑者名、簡単な脱税手口だけだった。社内で取材体制を整え、検察担当、事件遊軍、国税担当らに連絡し、あちこち走らせた。隠し資金の出所、蓄財方法、使途などの解明だ。取材でゼネコンなどからの献金と判明した。隠し所得は割引債などの形で保有していた。骨格を整え、細部を詰め、原稿を出し、締め切りがきた。作業を終えれば午前二時過ぎ。夕刊デスクだったから、午前七時から二十時間近くの勤務だった。疲れたが、こうした緊張、急場の紙面づくりは楽しい。

金丸脱税事件に至る前段に検察には悲話があった。検察は断崖絶壁に立たされていたのだ。

前年夏、朝日新聞は東京佐川急便事件に関連して金丸が東京佐川急便元社長側から五億円の献金を受領していたと報じた。金丸側は緊急記者会見し、受領の事実を認めた。朝日新聞の特ダネだったが、マスコミ何社かもこの情報を摑んでいた。しかし、確証を取れなかったのか、報道を見送っていた。

献金は政治資金収支報告書に載せられていなかった。東京地検特捜部は政治資金規正法第二二条の二（寄付金の量的制限）に違反するとして罰金二十万円で略式起訴した。金丸本人の事情聴取は拒まれ、上申書提出だけで処分した。これでは公判も開かれない。五億円の正体は不明のままとなる。

五億円に二十万円。国民は政界のドンに対する特別扱いと見て、不公平感を抱き、検察庁舎にペンキが投げられた。

特捜部長だった五十嵐紀男は「適用できる法律があれしかなかった。問題は法律の不備にあったが、検察の不公平という形で返ってきた」と振り返る（その後、罰則は強化された）。

罰金事件とはいえ、政治資金規正法が一九四八（昭和二十三）年に制定されて以来、政治家秘書らの略式起訴はあったが、政治家本人を同法違反で処罰したケースは初めてだった（佐藤栄作も問われたが、国連加盟の大赦で免訴になった）。

特捜部は、政治資金規正法は形式犯にすぎないと、贈収賄、背任などの実質犯の解明を本懐としていた。金丸を処罰するまで規正法を軽く見ていたのである。しかし、金丸を罰金処理であろうと訴追できたのは形式犯の規正法によってだった。

「金丸さんに立ち向かうのに、不沈空母のような法律があればいいのだが、軽飛行機程度の武器しかなかった。その武器でやり遂げた」。五十嵐の述懐だ。この事件を機に政治資金規正法はその後の特捜捜査に威力を発揮することになる。

罰金処理による国民の検察批判。そこに新たな悶着が起きた。東京佐川急便事件・暴力団ルートの法廷で、検察は元首相・竹下登への〝ほめ殺し〟中止要請に自民党代議士ら七人が関与したとする実名調書を朗読した。調書はいわゆる裏調書と言われ、裏付けが取れていないラフな書面だった。裁判長が朗読を促した。通常なら趣旨説明だけなのに、異例の措置だった。

自民党は「事実無根」と激昂した。実際、大半が事実なしだった。これで政治家による検察監視の目が厳しくなった。詳細は拙著『検察秘録—誰も書けなかった事件の深層』（光文社）を参考に。

こうしたダブルの衝撃で、検察は権威も誇りも失いつつあった。検察内部からも批判の声が上がった。学究肌検事の間では金丸の「事情聴取抜き」に賛否論争が起きた。組織は分裂状態になった。

特捜部副部長だった熊﨑勝彦は「それまで特捜は聖域と思われていた。特捜批判なんてなかった。僕らも天狗になっていたのかもしれない」と語ったことがある。

検察には沈滞ムードが漂っていた。事件も鳴かず飛ばずの状況だった。現在の不祥事を抱えた大阪地検特捜部の沈黙と一緒だった。こうした条件下、動いてまた無罪や冤罪を招けば、さらに傷を深くする。仮に動いたとしても、参考人らの検察を見る目が変わっている。協力を要請しても一蹴されるかもしれない。それくらいのダメージを受けていた。

一方の国税。金丸献金が税金問題に跳ね返ってくるのではないかと不安がよぎった。調査に抜かりがあったら、今度は国税が批判される。そこで、金丸の夫人が死去し、遺産があったこともあって、あらためて金丸資産の洗い出しにかかった。

国税は金丸の秘書らが出入りしていた日債銀にカギがあると読んだ。国税は日債銀の調査に入った。国税調査官は身分を明かす証明書を提示し、およその趣旨を説明し、カネの出入り、債券の動きなどを調べることができる。しかし、調査理由はダミーのことが多い。狙いの本命を知らせることはない。横目で本命をうかがう。「横目調査」と言う。

国税調査官は金丸側の割引金融債乗り換えのチャートを横目で発見した。A４判一枚だった。残高は三十億円を超えていた。金丸の秘書だった生原《はいばら》正久が当時、頻繁に日債銀を訪れ、債券を管理していたことが分かった。

このころ、無記名の割引金融債は、隠し資産として利用するのに便利だった。そのうえ日債銀は当時、政治家銀行の異名を持っていた。金丸も債券の形で資産を個人保有していたのではないかという推測が成り立った。

国税幹部が最高検や東京地検の幹部に密かに伝えたのは、一九九三年一月に入ってからのことだった。

国税庁長官は土田正顕、次長は滝川哲男。のちに滝川は病に倒れたが、お酒に強く、ゴルフもたいした腕前だった。調査査察部長は野村興兒《こうじ》、査察課長は石井道遠《みちとお》。国税には強力メンバーがいた。

当時の国税庁幹部がこんな裏話をしてくれた。「金丸さんの奥さんの相続や事務所経費などにおかしな動きがあった。調査にかかったが、金丸さん本人に絞っていたわけではない。そこに日債銀調査で割引金融債が出てきた。政治資金なのか個人所得なのか分からない。出入りがないから多分、個人所得だろうと考えられた。極秘で補充調査をした。調査結果を国税庁で知っていたのは三人だけ」

特捜部長として落ち込んでいた五十嵐は国税情報に一条の光を見た。巨額資産の解明に検察官人生を賭ける決断をした。特捜は極秘に捜査に乗り出した。五十嵐の指揮下、特捜部財政経済班と国税が内偵に入った。最高検検事だった石川達紘も全面バックアップした。

チャートが描かれた一覧表だけを頼りに捜査は進行した。一月下旬、日債銀捜査を敢行した。五十嵐は周辺捜査から確信した。「政治資金ではなく、割引債に変えた個人蓄財。所得申告をしていないから、脱税に問える」。特捜部財政経済班で長く脱税事犯を担当していた五十嵐に迷いはなかった。

*

何回か登場してもらっている五十嵐紀男。一九四〇（昭和十五）年生まれ。北海道大学卒。東京地検特捜部副部長（財政経済担当）、特捜部長を務める。その後、大分、宇都宮、千葉、横浜の地検検事正などを経て、横浜で辞職した。公証人のあとは弁護士登録。在職中に関与した事件は共和汚職事件、東京佐川急便事件、金丸脱税事件など多数。最高検検事時代は二信組事件の指揮を執った。脱税事件捜査のエキスパート。

外部漏れを防ぐため、四〜五人による専従捜査体制を組むことになった。口の固い吉田統宏《もとひろ》（現・公証人）、北島孝久（現・弁護士）、そして横田尤孝《ともゆき》（最高裁判事で退官）が引き抜かれた。しかし、誰も内容を知らない。いずれも五十嵐から「ある事件をやる」とだけしか言われていなかった。五十嵐の話を聞いているうちに段々、狙いが金丸と分かってきた。なんと……である。

＊

捜査が煮詰まったころ、五十嵐は副部長の熊﨑に声をかけた。「クマちゃん、金丸さんの調べを頼むよ」。大変な事件だ。熊﨑は呻吟した。失敗すれば検察官人生を失うかもしれない。ほかの捜査検事も同じ思いだった。割引金融債が本当に金丸に帰属しているのか、そうだとしても、所得発生年を特定しなければ所得税法違反に問うのは難しい。彼らは「リスクが大きすぎる」と難点を書面にしたため、熊﨑を五十嵐の部屋に行かせた。

五十嵐は一喝した。「そろって難しいと通告してきた。しかし、三十億円を超える所得隠しは把握できている。これを放置して目をつむれば、それこそ検察の怠慢と言われる。ペンキ投げ事件以上の非難を浴びる。勝算は十分だ。やるしかない」

帰ってきた熊﨑は「やる」。五十嵐の熱意と迫力に押されたのだろう。ケロリと翻意した熊崎。部下は「クマさんはそういう男気があるんですよね」と五十嵐との一蓮托生を選択した。

決行日が決まった。三月六日土曜日。その日、検察庁には検事総長の岡村泰孝、最高検次長検事・土肥孝治、東京地検検事正・増井清彦、石川達紘らがラフな姿で陣取った。ネクタイでもして庁舎に入れば、何事かと勘ぐられる。国税幹部の姿もあった。失敗すれば検察上層部の多くは責任を問われる。国税も同罪だろう。前年の実名調書朗読問題で自民党は気が立っていた。自民党の反転攻勢もあり得る。

捜査主任検事の熊崎は、金丸への呼び出しを弁護士に連絡した。五億円献金問題の検察審査会処理が名目で、当時のキャピトル東急ホテルを指定した。弁護士は渋々応じた。天下分け目の戦いだった。

熊崎は前夜、家族とフランス料理店で過ごした。「あした大変なことが起こる。失敗したら田舎に帰る」。詳細は伏せて覚悟を伝えた。

金丸に迫るポイントは金庫番の元秘書・生原正久の供述にかかっていた。吉田統宏は六日午前、生原を検察庁に呼び、調べを始めた。なかなか口を開かなかった。事件の成否を握る調べである。吉田は命がけでやったという。しかし、固い。五十嵐に電話をした。「なかなか落ちない」。五十嵐は「だめなら引けばいいんだ。君にできなければ、あきらめるから」。

乾坤一擲《けんこんいってき》。畳みかけた。口を開き始めた。そして、自分も金丸蓄財に便乗して割引金融債を運用し、税務申告していなかったことなどを打ち明け始めた。心証が取れた。

熊﨑は金丸聴取で、生原情報を待つ間、雑談でつないでいたが、生原らの調べの状況を聞き、核心に迫った。「先生、もう大人のままごと遊びはやめましょう。割引金融債をお持ちですよね」。金丸の体がぐらり揺れた。検察庁に任意同行を求め、逮捕状を執行した。弁解録取では「所得の申告はしていなかった」など容疑を認めた。報告を受けた検察庁舎では歓声が上がったという。

しかし、危機はまだあった。夜、逮捕会見が開かれていたころ、家宅捜索部隊から「隠し資産が見つからない」。金庫がないのだ。しかし、北島が金丸の秘書だった二男を説得し、聞き出した。パレロワイヤル永田町の金丸事務所には別室が借りられていた。金庫はそこに鎮座していた。なかには割引金融債などが収められ、傍には金の延べ板もあった。逮捕発表後のことだった。まさに薄氷を踏む捜査である。

沈没しかけていた検察が、国民に存在を示した。逮捕発表を聞いてすぐ、五十嵐の奥さんに電話した。「五十嵐さんやったよ」

五十嵐は「クマちゃんが期待通りに金丸さんの調べをやり遂げてくれた。吉田検事が生原さんから完全に話を聞き出し、北島検事は金丸さんの子息を説得して金庫の場所を明かしてもらった。総括責任者だった横田検事の献身的な働きにも助けられた」とねぎらった。

石川は今もこう語る。「事件はうまくいったが、本当にイチかバチかの一発勝負だった。日債銀のチャートの一覧表だけが頼りで始まった事件。金丸さん、生原さんらの供述にかかっていた。見事に落としてくれた。あんなスリリングな捜査は経験がない。失敗すれば自分も含め、総長ら幹部の首が飛ぶ。検察そのものが今はなかったかもしれない。岡村さんも土肥さんも捨て身でかかってくれた。塀の上の捜査。岡村さんらの決断はすごかった。事件捜査経験が豊富だったからだと思う。みんな検察を立て直そうと必死だった。証拠も供述も取れ、ともかくほっとした」

続けてこう言う。「かつては上層部が指揮を執れた。指令と受け手の交信がうまくいっていた。マスコミも真剣だった。金丸脱税事件は検察の特ダネだったけど、特捜幹部の自宅前で帰りを待って、朝まで寝込んでしまった記者の話は伝説になっている。事件を解明する検事、追いかける記者。双方に凄みがあった」

二　抜かれた記者

記者は金丸脱税事件を検察に完全に出し抜かれた。各社とも全滅。徹底した密行捜査で、事前にキャッチできたマスコミはない。筆者も社会部にいて「金丸逮捕」の電話を受けたとき、「どこの金丸」と聞き返したほどだ。

今にして思えば予兆はあった。その年の初め、五十嵐からゴルフに誘われた。いつもなら一週間以内に日時、場所の連絡が入る。しかし、なかった。誘われた身なので尋ねることもせず、「どうなったのかなー」ぐらいにしか思わなかった。ちょうど、そのころ、金丸案件が入荷していたのだ。

元NHKの小俣一平が振り返る。「一月二十日に、うちの松坂千尋記者と中野谷《なかのや》公一記者ら検察担当と一緒に五十嵐さんと飲む約束をしていた。当日が近付いて、五十嵐さんから『風邪を引いたので行けない』と電話があったんですよ。約束を破らない人なので、風邪を引いたんじゃ、仕方がないかと思った。まあ、油断していましたね」

着手前日、五十嵐紀男が住んでいた東京・恵比寿の官舎に十人ぐらいの記者が夜回りに来た。事件の最中には二十人も訪れていたが、五十嵐は三月で異動になるともっぱらの噂で、夜回り記者の数も減っていた。五十嵐は十人を自宅に上げ、みんなで酒を飲みながら他愛ない話を交わした。「娘が買ってきたのだが」と麻雀のテレビゲームを持ち出し、みんなで興じた。そして何事もなく前夜は終わった。

石川達紘はどうしたかというと、前夜、某社記者や役人ら三〜四人と東京・中野坂上で飲んでいたという。記者は金丸情報を探りにきたわけではなかった。明日着手の事件は知らなかった。石川は「こればかりは、おくびにも出せない」と別の方角の話をし、感付かれなかったという。

一方、検事総長の岡村泰孝のところにも記者の来訪があったという。後日、岡村の話を聞いた検事は「総長はピクリとしたと言っていた。警戒したが、記者は春の人事がどうとかで、帰ったという。ほっと胸をなで下ろしたらしい」。

のちになって記者らは「まさか、翌日にあんな事件をやるとは夢にも思わなかった。麻雀ゲームにすっかり騙されてしまった。それにしても他社に抜かれなかったのがせめてもの救いだった」。この事件で特オチでもしていようものなら、その記者の先行きは……。

金丸逮捕後、キャップとして二度目の司法担当になっていた産経の宮本雅史が熊﨑の部屋に行った。「こう言われましたよ。『宮本、ザマーミロ。知らなかっただろう』。チクショーと思いましたね。何かお返しをしてあげようと誓いましたよ」。宮本はその年の夏、ゼネコン汚職事件で着手情報を抜き、新聞協会賞を受賞した。スタンバイしていた他社を撥ねのけて見事な特ダネを飾った。

マスコミは全く気がつかなかったと言ったが、実は「金丸が呼ばれているようだ」という煙程度の情報をキャッチしていた一社があったらしい。その記者が検察庁舎の前にいたという。しかし、金丸の出入りの場面は目撃されなかった。記者はあとで地団駄を踏んだことだろう。

記者ばかりか、検察内部でも知っている者はごくわずかだった。特捜部の山本修三も知らなかった。「テレビのニュースで金丸逮捕を知りましてね、〝なんだ、これは〟と驚きましたよ。身近な仲間にも内緒です。みんな事件がかわいいからですよ。リークなんてあり得ないことが、これでお分かりでしょう」

以下は余談である。当時、マスコミ受けがいい検察幹部がいた。筆者もよく回った。助かる人だった。しかし、捜査陣が金丸逮捕の報告書を事前に上げたら、どこに漏れるか分からない。そこで、ご本人が近県にゴルフに行っている間に着手した。身内より、事件が大事なのだ。

朝日新聞の村山治著『検察　破綻した捜査モデル』（新潮社）には、この検察幹部に関してこんなことが書かれている。要約すると、ある新聞報道に誤報騒動があった。情報源はこの検察幹部とされた。特捜部は検察幹部に情報を上げると、そのまま情報が抜けると疑っていた。検察関係者は否定するが、懲らしめに偽情報を流し、誤報騒動につながった——。

似たような出来事が過去にあった。右記と違って陰湿な事件だった。一九五七（昭和三十二）年、東京地検は、売春防止法案の国会成立を阻止しようと〝赤線業者〟が政治家に賄賂を贈っていた売春汚職事件を捜査していた。マスコミは政治家名の割り出しに躍起になっていた。そこに読売新聞が国会議員二人の関与があったとして実名報道した。特ダネと思われたが、実は大誤報だった。名誉毀損で告訴された記者を検察は逮捕し、ネタの入手ルートに絞って調べた。しかし、記者は情報源を秘匿した。

検察は、なぜ逮捕事犯でもない名誉毀損の告訴で逮捕したのか。事件捜査にあたっていた一人がのちの検事総長・伊藤栄樹。一九八八（昭和六十三）年の回想録『秋霜烈日―検事総長の回想』（朝日新聞社）で謎解きをした。略記すると「売春汚職捜査では、しばしば重要な事項が読売新聞に抜けていた。どれも赤煉瓦（法務省）に報告したものであることが分かってきた。抜けた情報全部にタッチした人は赤煉瓦に一人しかいない。そこで思い切ってガセネタを一件、赤煉瓦へ渡してみた。たちまちそれが抜けたのが、例の記事だった」。

赤煉瓦の人物とは法務省刑事課長だった河井信太郎《のぶたろう》のことである。帳簿解明による捜査方式を開拓し、特捜捜査の礎を築いた検事とされる。

ガセネタは河井を炙り出そうとする陰謀だった。当時はまだ経済検察の馬場義続《よしつぐ》派と反馬場派の確執があり、馬場派の河井に打撃を与えようとする仕掛けだった。〝巨悪を眠らせない〟で知られる伊藤のもうひとつの顔である。げに恐ろしき権力行使ではないか。「日本最強の捜査機関」の裏の姿であり、検察史に大きな汚点を残した。最強の権力は組織護持、権威保持を必要とする。最強権力はほかの干渉を排し、その結果、唯我独尊を生み、ガラパゴス集団となる。のちの多くの検察不祥事を招いた下地である。萌芽は歴史のなかにあった。

話が飛んだ。金丸脱税事件は債券取引の一枚のチャートが呼んだ奇跡とも言える結果を生んだ。チャートに目をくれなければ、金丸脱税は沈積したままだった。端緒がいかに大事か。

また、話は横にそれる。一九九一（平成三）年の末、共和汚職事件があった。端緒は山本修三のメモにあった。山本が特別公判部にいたとき、知人の弁護士から聞いた情報を記していた。熊﨑勝彦に「事件の要素があるかもしれない。参考に」と渡した。商社金融を利用した詐欺破産だった。熊﨑はこっそり捜査を進めた。内偵情報を特捜部長だった五十嵐に報告した。「これ、できるじゃない」

元北海道・沖縄開発庁長官だった阿部文男が、北海道事業をめぐり、鉄骨加工メーカーに便宜を図っていた汚職事件になった。翌年、ロッキード事件以来、十六年ぶりに国会議員を逮捕した。一枚のメモが国会議員逮捕に発展した。のちに山本は「私は事件になると判断した。そこでクマさんに渡した。クマさんが敏感に反応してくれた。さすがです」。小さな端緒に目が向くかどうかが分かれ目だ。

さて、金丸逮捕後の政界は流動化し、自民党は分裂した。金丸は一審判決を待たずして病死した。

三　大蔵事件、前夜の出来事

法務・検察の在り方は時代とともに変容している。ここでは今日のこの組織の生き方に決定的影響を与えた金融機関の利益供与事件と、連動する大蔵・日銀接待汚職事件を取り上げよう。

金丸脱税事件、ゼネコン汚職事件、二信組事件、住専事件を終えた検察は一九九七（平成九）年初頭、大阪の石油卸会社「泉井《いずい》石油商会」の脱税事件に端を発した泉井石油事件を伸ばそうと躍起になっていた。

この事件の捜査着手時期は不可解だった。前年暮れ、特捜部長が上田広一から熊﨑勝彦に代わることが決まっていた。その交代直前に特捜部は脱税容疑で大阪の泉井関係先を強制捜査した。大阪での脱税は大阪国税局、大阪地検が担当することになるが、国税の某有力幹部が東京に持ち込み、東京地検が引き取った事件だった。

熊﨑の心中は複雑だった。東京地検次席検事だった甲斐中辰夫から「クマちゃん、この事件をどう思う」と耳打ちされていた。背中を押された。「見える魚は釣れませんよ」。なぜ、交代直前の着手なのかいぶかったのだ。

着手当時、副部長として指揮したのは笠間治雄だった。検事正だった高橋武生（前証券取引等監視委員会委員長、故人）の「身柄を拘束しないと、世間に騒がれることになる」というひと声で早期着手を決めたのだ。大阪から引き取った事件だから、脱税を超えたものにしなければ格好がつかないという理由もあった。

笠間は準備不足のままの捜査着手を強いられた。案の定、捜査は難航した。通産官僚疑惑、ベトナム油田開発疑惑など、政治家や高級官僚の名が浮かび上がるが、カネの流れを示す資料などを把握できず、疑惑捜査は相次いで流産した。政治家には政治資金規正法という考えもあったが、当時はまだ「規正法なんて形式犯」という意識が強く、見送った。

笠間は今、こう振り返る。「筋書き先行、供述強要型の典型になってしまった」。この苦い思いが、のちの検事総長時代に直面した検察改革の下敷きとなったようだ。

捜査は撤退方向にあった。政界捜査は行き詰まっていた。どこにも伸びない。落着先としてやっと関西国際空港の汚職事件を掘り出し、幕引きにこぎつけた。

そんなころ、大蔵省官房長だった涌井《わくい》洋治の〝絵画疑惑〟が表面化した。涌井は間もなく主計局長になった。次の事務次官候補と目されるエリート官僚だった。そんなとき、涌井に泉井側から絵画が贈られていたのだ。筆者は早い段階から知っていた。しかし、涌井から聞いたところでは、奥さんが病気で亡くなられ、再婚した相手が神戸の方で、その結婚祝いに贈られてきたものだと言う。それで書かなかった。

ところが、毎日新聞が特ダネとして報道した。事件当事者からの贈呈なので、疑惑ありと見たのかもしれない。でなくても、道義上に問題ありとしたのかもしれない。

その後、マスコミの涌井バッシングが始まった。新聞各紙が実名で報道し、週刊誌、夕刊紙などは「巨悪」「腐敗官僚」とまで書いた。事務次官人事が迫ったころの一九九九（平成十一）年四月、朝日新聞は社説にこう書いた。「大蔵官僚でも、中堅や若手の間には『涌井次官』誕生にこだわらない向きが少なくない」。社説とは新聞社の意思である。そこに堂々と涌井の次官阻止の論を張った。

後日、涌井と一献傾けていたとき、憤懣《ふんまん》やるかたない表情でこう語った。「あのエッチングでうしろ指を指されることは何もない」。涌井は大蔵官僚の派閥力学、政界の意向も作用して主計局長のまま大蔵省を去った。その後、日本たばこ産業の会長などに就任したが、退官後、月刊誌「新潮45」に手記を書いた。「我が〝巨悪〟を嗤《わら》う」。「泉井側が再婚祝いに贈ってきたのが十五万円相当というシャガールのエッチング。それが一億円のピカソの絵に大化けし、洪水のような批判が起きた。国会でも俎上《そじょう》に載せられた。しかし、国会の鑑定でも二十万以内だった」。概略そんな趣旨だが、よほど悔しかったのだろう。

四　泣いて馬謖《ばしょく》を斬る

マスコミが泉井石油事件に目を奪われているなか、特捜部は水面下で証券界のガリバー、野村證券の利益供与事件を探っていた。事件は伸びて社会、経済、政官財に強力なインパクトを与える金融機関利益供与事件、大蔵・日銀接待汚職事件へと進展していく。ロッキード事件は首相の犯罪を暴き、政治の中枢にメスを入れたが、今回の事件は経済の血脈を担う金融機関と日本の柱石を自負する大蔵官僚に大ナタを振るうことになった。しかし、検察も大量の返り血を浴びた。その後の特捜検察の在り方に負の影響も与えた。

野村證券、第一勧業銀行（現・みずほ銀行）の利益供与事件内偵に極秘の捜査班が編成された。副部長の笠間治雄、同じ副部長の山本修三ら十人の検事らだ。「いける」と確信を抱き、あのガリバー証券への挑戦が始まった。

一九九七（平成九）年三月二十五日、野村證券への強制捜査が敢行された。強制捜査前、特捜部長の熊﨑勝彦は記者を煙に巻いた。記者は毎日、自宅に取材に来た。ちょうど桜の季節だった。着手前日、記者たちと近くの公園に花見に行き、のんびりした姿を見せていた。

そこに突如の野村捜索。記者はここでも出し抜かれた。特捜は勢いを得て、五月には野村の経営陣らを逮捕した。捜査は波状的に進んだ。野村證券、第一勧業銀行、大和証券、山一證券、日興証券など日本の金融界に君臨する巨大企業にメスを入れ、ヤミの勢力との腐れ縁を白日の下にさらした。

先行捜査班の笠間らに代わり、新たに陣容を増やした捜査体制が構築された。三洋証券、北海道拓殖銀行など金融機関が相次いで経営破綻しているなか、特捜部は怒濤のように金融トップを逮捕していった。巨額簿外債務が明らかになった山一は自主廃業を選択した。政官界は大騒ぎになった。経済界からは激しい検察憎悪の声が持ち上がった。「検察不況」「やりすぎ」。検察内部にさえ「野村だけの一罰百戒で十分なのに」という声があったが、結果は百罰百戒となった。マスコミは次にどこから火の手が上がるのか、不眠不休で取材にあたり、原稿書きに追われた。

当時の検察幕閣は検事総長・土肥孝治、東京地検検事正・石川達紘、次席・松尾邦弘、特捜部長は熊﨑勝彦だ。

検事正の石川はこんな思いでいた。「総会屋側が口を割り、そこに犯罪があるのに、手を出さなかったら、検察はサボっているのかと言われてしまう。『会社のため』というサラリーマン役員による企業犯罪であることは分かっている。みんな同じ構図。本来ならやりたくない事件だった。だけど放置はできなかった。結果としてもたれあいの過去を捨てる区切りの事件になったのではないだろうか」

特捜検事は土日も昼夜もなく、くたくたになって働いた。「だけど、事件があれば検事は元気なのですよ」。熊﨑はそう語った。検事と同様、検察事務官も大車輪だった。事件当時、特捜事務課長だった武田光男（退官）は「特捜は巨大エネルギーの塊でした。検察事務官も正義感に燃え、躍動していた」。

年があらたまって一九九八（平成十）年に入ると、大蔵・日銀の過剰接待汚職事件に切り替わる。金融機関から接待を受け、便宜を図っていた官僚たち。特捜部は〝盟友〟大蔵省に斬り込むことになった。大蔵省の家宅捜索も実施した。大蔵省は「それだけは勘弁を」と懇願していただけに、驚天動地だった。

そして、大蔵省、日銀のエリート、ノンキャリらが相次いで逮捕された。「省庁のなかの省庁」が崩れた。自殺者も何人か出た。マスコミ報道は連日、沸騰した。ノーパンしゃぶしゃぶなる言葉も雑誌に躍った。特捜部は大蔵省のただれた実態を明らかにした。

とはいえ、検察内部には、ある大蔵幹部の逮捕に「上司に付き添っただけの接待で逮捕はいかがか。邪道ではないか」という冷めた見方もあった。捜査検事のなかにも「接待なんて、形式犯じゃないですか」と見る者もいた。この検事は「形式犯なんて」と言いながら、のちに政治資金規正法違反で政治家をばんばん摘発するのだが……。

政界からは「国と事件とどっちが大事なのか」「国家を支える有能な官僚を葬っていいのか」などいつもの声が出た。国家有用論である。大きな事件があると、決まって出てくる言葉である。

事件の根は深かった。銀行・証券の反社会勢力とのもたれあい、大蔵官僚の護送船団方式に悪乗りしたたかり構造。「五五年体制」を決算する意味もあったと思う。

筆者はこの当時、東京新聞特報部のデスクの立場にあった。特報面での紙面展開もあって、検察幹部はもとより、大蔵省の涌井洋治、元首相・橋本龍太郎（故人）の秘書官だった坂篤郎らを取材した。検察は「大蔵省はどう思っているのだろうか」と聞いてくるし、涌井らは「どこまでいくのか」と冷や冷やしていた。どちらに与するわけでもないが、確かにどこまで続くのか気になるところだった。

疑惑は残っていた。しかし、「事件にはそれをやる社会的意義がある。その意義が薄まれば手仕舞いのときである」と説いた検察幹部がいた。意義とは、今回で言えば、「金融行政を歪めた不正の摘発」にある。大蔵事件も潮時がきた。しかし、捜査は着手と同様、ランディングにも決断がいる。

熊﨑は特捜部長として捜査検事に「この事件は一旦引こう。次の事件もある」と言葉を投げた。事実上のストップ指令である。納得いかない検事もいたようだが、捜査の幕は下ろされた。逮捕者は一年に及ぶ捜査で五十一人に上り、政官界や金融業界のトップら多数が引責辞任した。

「捜査の厳しさは組織と組織の闘いにあった。大蔵省を対象にするのには辛いものがあったが、もっと辛かったのは検察上層部が『もうやめてくれ』と懇願してきたときだった」とは当時の捜査幹部の話だ。しかし、石川は「まあ、進むも地獄、退くも地獄だった。それなら前に進むしかなかった。火の粉を浴びるのは覚悟の上だった。火の粉はいっぱいかぶってきたからね」と振り返る。

マスコミは特捜の手数が多すぎ、翻弄された。担当した記者は「矢が次から次に飛んできて、現象を追いかけるのに精いっぱいだった。意味、真相、背景を分析する余裕もなかった」と話した。事件終結後、新聞は特集などで総括した。「五五年体制のなかで育まれた官界と業界の腐れ縁に刃《やいば》を突きつけた。新しいルールづくりに道を拓いた」

五　逆風

金融、大蔵事件を成し遂げた検察だが、政界、官界、経済界との関係にしこりを残した。反動、逆風はすさまじかった。

自民党は検察叩きを繰り広げ、検察改革案を持ち出した。検察チェック機関の設置構想なども語られた。大蔵・国税側から報復とみられる検察攻撃もあった。東京地検検事が、逮捕された大蔵官僚と同席して接待を受けていた事実が暴露された。国税調査に圧力まがいの行為をしていた地方の検事正の「調査妨害」も表面化した。

前にも触れたが、検察は大蔵キャリアの東京国税局査察部長を事情聴取していた。大蔵省証券局時代に証券会社の接待に同席していたことから、調書まで取られていた。金丸脱税事件の突破口を開いた国税にすれば「なんで」という思いだったのだろう。

検察は関係を修復しようと政官界に遠慮気味になった。大蔵事件の捜査幹部はこう言った。「自民党、大蔵の報復が始まったと言うが、こんなことはよくあること。ロッキード事件のあとなどはもっとひどかった。検察はしばらく修復策を探ると思うよ」

さて、熊崎が言った「次の事件」は実際に捜査が進められていた。特捜部副部長だった川崎和彦が並行捜査していた防衛庁（現・防衛省）背任事件である。防衛装備品納入業者との構造的癒着だった。この組織も大蔵省同様に聖域であり、伏魔殿だった。

着手は一九九八（平成十）年五月の予定だった。報告書も上げていた。しかし、検察上層部は中止指令を出してきた。「七月に参院選が控えている」「国の安全も考えなければならない」だった。上層部は大蔵征伐のやりすぎを気にしていた。

特捜部は逮捕を前提に関係者を既に呼び出していた。苦渋の決断で「帰した」という。川崎は「警視庁から引き取った事件だけど、強制捜査のすべてを整えていた。延期は検事らの怒りを招いた。防衛庁は捜査状況を知っていた。着手、延期情報も筒抜けだった。検察内部から出ていたことが、のちのガサで分かった。証拠隠滅もひどかった」

防衛庁は反撃に出た。「正面作戦」として検察側に上申書を提出した。「安全保障上の観点を踏まえた判断を」だった。流布された裏文書には「過大請求分の返納査定に裁量が認められないなら、検察官の裁量である起訴便宜主義も背任だ」とわけの分からない強弁が書かれていた。

検事正だった石川は防衛庁の抵抗のひどさから仕切り直し捜査を画策した。「中止指令を覆すのは検事正の仕事と思い、最高検首脳に掛け合って了解を取り付けた」。延期になった事件が復活した。ある検事はこう言った。「早晩、検察は法務エリートに牛耳られる。そうなったら、防衛庁には永久に手を付けられなくなる」。検察の法務官僚支配。予想は当たった。追って述べる。

テポドンが日本の上空を通過した直後の同年九月、防衛装備品納入代金をめぐる背任で防衛庁幹部らを逮捕した。事件は大手電機メーカー・NEC元役員らの背任事件に飛び火し、防衛庁幹部らによる贈収賄事件にも発展した。

この事件に関連して特捜部副部長の山本修三は元衆院議員・中島洋次郎（のちに自殺）の不正を密かに追っていた。一九九八年秋、政党助成金を流用していたとして逮捕した。次いで総選挙対策の買収資金を後援会幹部らに渡した公職選挙法違反で再逮捕。最後は海上自衛隊の飛行艇試作機製造をめぐり、富士重工業が有利に受注できるよう請託を受けた受託収賄で再々逮捕した。

山本は「政党助成法違反、政治資金規正法違反という形式犯から入った。しかし、次を視野に入れていた。選挙買収、そして贈収賄事件に至った。形式犯の先に実質犯罪を捉えていた」と振り返る。

この事件までは特捜捜査にまだ地力が残っていた。しかし、これが特捜らしい事件の最後だったのかもしれない。

光には影もある。検察不祥事が待っていた。一九九九（平成十一）年四月、月刊誌「噂の眞相」が東京高検検事長だった則定衛《のりさだまもる》の女性スキャンダルを暴露した。次期検事総長を約束されていた検察ナンバー2である。記事には銀座の高級クラブのホステスとねんごろになり、公務出張に連れ出し、第三者に慰謝料を肩代わりさせていたとある。このクラブには別の法務・検察幹部も出入りしていたという。

朝日新聞が「噂の眞相」を引用して「則定検事長に『女性問題』」と報じた。則定のダメージは決定的だった。朝日報道には反則定派の検察幹部との〝協同作業〟という噂も流れたが、村山治はそんなことはあり得ないと明快に否定する。

それまでも検事の個人的スキャンダルがないわけではなかった。しかし、新聞報道されることはめったになかった。検察に忠誠を誓うマスコミは、不祥事情報を呑み込んでしまうからだ。

検察には組織の在り方を問い、チェックし、提言する上部機関がない。不祥事はくすぶったまま内在することになる。しかし、ナンバー2の金銭絡みの女性スキャンダルは前代未聞だった。これればかりは頬かむりできない。則定は辞職した。

二〇〇〇（平成十二）年前後から、検察の裏金と言われる調査活動費問題が表面化した。情報提供者らへの謝礼に使われる領収書不要のカネの流用疑惑だった。検察幹部らはゴルフや飲食に充てていたとされる。法務・検察は流用を認めていない。しかし、一九九八年度に六億円近くあった予算が、その後、数千万円規模に減少している。それ自体が流用の存在を示しているのではないか。

この問題を内部告発したのが大阪高検の現職公安部長だった三井環。検察は三井が上京してテレビ局の収録に向かおうとしていた矢先の二〇〇二（平成十四）年四月、詐欺容疑などで逮捕してしまった。実際には住んでいないマンションに住民票を移し、税軽減の証明書を騙し取ったという容疑。こじつけのような犯罪である。「口封じ」。逮捕直前、筆者に電話があり、東京で会うことを約束していた。犯罪は犯罪であるが、逮捕時期から考えれば、先手を打っての口封じだったことは子どもにも分かる。検察冬の時代の到来を予感させた。

福岡では二〇〇〇年に福岡地検次席検事が福岡高裁判事に捜査情報を漏らしていた問題が発覚した。次席検事は判事の妻の脅迫事件に関する捜査情報を提供していた。「判・検」癒着、かばい合いが為すところだった。福岡地検は国税端緒による脱税事件を捜査中で、汚職事件に発展し、国会議員の関与も浮上していたが、信頼失墜のなかで事件も飛んでしまった。

そうこうするうちに、職人型検事、事件屋検事が相次いで早期退職し、あるいは東京、特捜部を離れていった。

大蔵事件後、熊﨑勝彦は富山地検検事正に転任し、東京を去った。石川達紘は防衛庁背任事件後、しきりに「もう検察は辞める」と繰り返した。大蔵事件での上層部の捜査介入、防衛庁事件での延期指令。検察の首脳の会同では「いつまでやっているんだ」という誹謗もあった。「辞めたい」は本音だったのだろう。福岡高検検事長、名古屋高検検事長と歩いて終わった。東京に戻ることはなかった。

五十嵐紀男。特捜部長として金丸脱税事件を成功させ、大分地検検事正になった。ここまでは順当だった。検事正官舎を訪ね、阿蘇まで車で案内してもらったことがある。

しかし、その後、宇都宮、千葉、横浜と地検検事正を渡り歩いた。周辺はあの実名調書朗読問題で自民党の怒りを買い、塩漬け人事になったのではないかと推測した。一九九九年十二月、五十嵐は定年まで三年八ヵ月を残し、横浜地検検事正を最後に辞めた。

辞表を提出する前、「国産マツタケがあるので」と誘われ、横浜・野毛山近くの検事正官舎に出向いた。長野産の焼きマツタケをごちそうになり、杯を交わしていたら、突然、「辞めますので」「…………」。公証人になった。

山本修三も二〇〇八（平成二十）年十月、さいたま地検検事正のとき、公証人の道を選んだ。五十九歳で、定年まで四年を残していた。次期特捜部長とも期待されたが、それも外され、地方検事正で終わった。

最高検公判部長のポストにいた川崎和彦も同年に辞職し、吉田統宏も横浜地検検事正で辞め、いずれも公証人になった。事件達成の業績と人事処遇は一致しないようだ。

検察には事件指揮をできる幹部検事が希薄となった。自民党などとの関係修復、不祥事対策も重なり、捜査は萎縮する方向になった。

一方、官庁の護送船団方式、行政指導方式の終焉は、新しい市場経済ルールを求めていた。「事後チェック型社会」の到来である。検察は政治家、役人、反社会勢力の摘発に置いた捜査価値の転換期を迎えた。市場の守護者としての役割を課せられ、経済検察にシフトするのだ。

六　変更された捜査路線

日米構造協議が底流にあった。市場秩序を乱した者、市場の透明性を害した者への制裁である。談合も対象だった。とき同じくして検事総長は現場型から官僚型になり、原田明夫らが検察を牽引するようになった。経済関係の国策型事件捜査が再登場することになった。

一九九九（平成十一）年六月、特捜部と警視庁は合同で経営破綻した長銀の元頭取らを有価証券報告書虚偽記載容疑などで逮捕した。公的資金投入に伴う刑事責任追及である。バブル経済の裏側に潜んでいた不良債権隠しの刑事責任を問おうとする国策捜査だった。しかし、二〇〇八（平成二十）年の最高裁判決は「会計慣行に反していない」として全員に無罪を言い渡した。検察に追従し、世論を煽り、旧経営陣らを〝悪人視〟したメディアの姿勢も厳しく問われた。検察の「無謬神話」が徐々に崩れ始めた。

長銀事件摘発の翌月、特捜部は日債銀の粉飾決算事件を強制捜査した。元会長の窪田弘（故人）らが逮捕された。しかし、粉飾は歴代トップらが何代も継承してきた不正である。粉飾はバトンタッチされ、最後にババを掴まされたのが窪田らだった。

一、二審は有罪だったが、最高裁は審理を高裁に差し戻し、高裁は「融資は企業への貸出金を回収するためので、支援の合理性はあった」と無罪を言い渡し、確定した。検察が国家に寄り添ってかかわった事件は、成果ゼロだった。

しかし、特捜部はその後もインサイダー取引、談合、粉飾決算などの事件に特捜勢力を注ぎ込んだ。

粉飾決算、インサイダー取引で西武グループ中核企業のコクド前会長・堤義明を逮捕した。カネボウの粉飾決算もあった。時代の寵児として現れた企業人のライブドア事件や村上ファンド事件も摘発した。勝ち組に嫉妬する国民感情の代弁か。確かに公正・透明な市場を阻害する事案であるが、検察が行政措置の前を行くようになってしまった。経済界からは「経済の自立法則を無視するおせっかい捜査」などの言葉も出た。

談合摘発は全国規模で展開された。米国からの市場開放要求、談合排除要請に呼応したものだ。集中摘発はすさまじかった。橋梁工事談合、地下鉄工事談合、下水道工事談合、知事による官製談合などだ。当時の公正取引委員会幹部は「検察の指令はすごかった。全国の地検、警察を動員し、談合包囲網を敷いた」と。ある担当検事は「談合の〝全国制覇〟を狙って、最高検が地方から検事を集めていた。北海道は地盤沈下を招くから除外しろとも」と語った。最高検の意気込みが伝わってくる。

対応する司法記者クラブはどう見ていたのか。検察担当記者はこう言った。「事件も仕事もないわけではないが、なんか浅い内容ばかりでね。政権主体の不祥事をさらけ出すという野党的役割を検察もマスコミも忘れてしまった。今やっているのは金融庁や公取委が掻き出した事件ばかり。単発で終わり、ダイナミクスがない」

一方で政界はきれいになったのか。そんなわけはない。東京都知事だった猪瀬直樹も元みんなの党代表の渡辺喜美もわけの分からないカネにまみれていた。

水面下では今もカネが動いている。しかし、賄賂の授受など古典的スタイルに手を染める政治家はいない。贈収賄など実質犯で迫るのは難しい時代になっている。検察は使える宝刀として政治資金規正法を抜いた。そして規正法違反摘発のオンパレードとなった。

かつては形式犯とされた政治資金規正法違反事件。確かに虚偽情報を記載し、国民の目を欺くのは市場ルール破りと同じに考えることができる。だから、規正法を侮ってはいけないという見方が生まれたのだ。

頭を切り替えた検察は情報開示の虚偽は万死に値するとばかりに規正法を駆使した。二〇〇〇(平成十二)年以降に東京地検特捜部が手掛けた政治家捜査事犯を見よう。

＊

二〇〇〇年　建設省発注工事をめぐって賄賂を受け取っていた元建設相・中尾栄一の受託収賄事件。

二〇〇〇年　衆院議員だった山本譲司献金事件。秘書を虚偽雇用し、秘書給与などを国から騙し取った詐欺と収支報告書虚偽記載。

二〇〇一年　受託収賄容疑で元労相・村上正邦を逮捕したKSD事件。KSD中小企業経営者福祉事業団の事業が有利になるよう国会質問をし、賄賂を受け取っていた。

二〇〇二年　鈴木宗男事件。港湾工事受注に便宜を図ってもらうよう依頼された収賄と、木材伐採に絡み、林野庁に口利きを依頼された斡旋収賄事件など。

二〇〇三年　衆院議員だった坂井隆憲献金事件は、一億二千万円の献金を収支報告書に記載していなかった虚偽記載容疑。虚偽記載だけでの国会議員本人の逮捕は初ケース。

二〇〇三年　埼玉県知事だった土屋義彦の長女が土屋の資金管理団体への献金を収支報告書に記載しなかったとして逮捕。土屋が関与していたという見込みは裏付けが取れないまま不発に。

二〇〇四年　日本歯科医師連盟から自民党旧橋本派への一億円ヤミ献金事件。収支報告書の不記載で元官房長官・村岡兼造を在宅起訴。授受の現場には元自民党幹事長・野中広務らが同席していた。検察は野中に「不記載の認識があった」としながら起訴猶予処分にした。検察部内からは「将来に禍根を残す処置。自民党との関係修復のためと疑われる」との指摘も。一方で検察トップ筋からは「いつまでやっているのだ。もうやめろ」という声が出た。

＊

国会議員対象の贈収賄事件は中尾栄一事件、ＫＳＤ事件、鈴木宗男事件以降、今日までない。汚職事件捜査を忘れたのだろうか。

金丸献金問題、脱税事件捜査を特捜部長として指揮した五十嵐紀男は、金丸の規正法罰金処理で苦労した経験を踏まえ、こう語る。

「規正法を形式犯と考える時代ではなくなったと思う。贈収賄は職務権限など条件が厳しく、今や国会議員に対して死んだ法律と言われ、実用性を失っている。特捜部に酷な状況にある。規正法は使い方によって、国会議員の不明朗資金に迫れる威力を持っている。適用を憚《はばか》ることなかれと思います。ただ、政治家金銭を扱う『会計責任者』の定義の曖昧さなどは法律で解消してもらいたい。収支報告書はマスコミにオープンです。調査報道に活用してもらえればと思う」

ただ、ベテラン特捜ＯＢはこうも言う。「今は罰則が強化されたが、それまで不問に付され、黙認されていたことが、突然、犯罪として摘発されるようになった。せめて周知期間ぐらいは必要だったのではないか。もうひとつ、悪質性を判断するうえでの摘発基準がない。やるやらないが裁量になってしまう」

政資法が多用されたが、それでもやはり、特捜検事は実質犯を手掛けたかったのだろうか。危ない捜査が待っていた。

特捜検事になったからには、いつか大物政治家、高級官僚に迫りたいという野心を抱こう。右記の政治家が小物というわけではないが、特捜部が天敵視してきた実力政治家の多くは他界、あるいは政界を引退していた。官僚の防備も厚くなっていた。

第一章でも触れたが、民主党代表だった小沢一郎と元厚労省局長の村木厚子が捜査線上に現れた。大物政治家、高級官僚。掌中に収められれば特捜検察史に残せる。

西松建設事件が小沢に迫るチャンスを授けた。飛びついた。入り口は政資法違反だったが、うまく展開すれば贈収賄事件へとの期待もあったはずだ。特捜部幹部は「小沢との全面戦争だ」と捜査検事を煽り、特捜は血気にはやった。しかし、捜査は迷走、蛇行を繰り返し、小沢を掌中にすることはできなかった。総選挙前の政治家捜査に疑問を呈する批判が相次いだ。新聞、雑誌、テレビは検察聖域論を忘れ、矢のような検察批判を展開した。筆者は長いこと検察をウオッチしてきたが、これほど検察をボコボコにしたマスコミ報道は知らない。小沢悪人説を貫いたマスコミもあった。双方の主張は、しかし、検察批判派が勝ったのではないか。

検察捜査で小沢は不起訴となったが、検察審査会が強制起訴した。これも裁判で無罪判決が確定した。しかし、マスコミは「捜査の至らなさ」「検察審査会の力不足」などの記事を載せて、小沢を灰色人物と見なしたままだった。

鳥越俊太郎は毎日新聞紙上の座談会でこう述べた。「推定有罪は、日本のメディアの持っている大きなマイナスポイントだ」「メディアはその責任をどう取るのか。無罪判決が確定したら報道の検証が必要で、場合によっては謝罪すべき」

東京新聞の「新聞を読んで」というコラムでも弁護士の小町谷育子が「『……限りなく有罪に近いグレーだ』というトーンが目につく。……無罪は無罪。そのことの重みを感じ取り……」とこう述べた。

ともあれ、検察は情けない姿を見せたが、今度は情けないでは済まない、大やけどが待っていた。郵便不正事件に端を発した村木厚子事件である。

大阪地検特捜部は東京を援護射撃するように大物を標的にしていた。東西ともに〝本来の特捜捜査〟を取り戻そうとしたのかもしれない。しかし、勇み足。村木は完全無罪だった。

村木の逮捕後、ある新聞は「組織ぐるみの様相を見せている」などと村木を罪人扱いにした。そこに無罪判決が出た。すると、社説・論評で「検察はずさん捜査を検証せよ」である。新聞の検証記事では「裏取りに努力した」「多方面から取材をした」などの自己弁護が垂れ流されるだけだった。

そこに、とんでもない事態が待っていた。二〇一〇（平成二十二）年九月、朝日新聞が驚愕の記事を載せた。村木の〝犯行〟の日時を整合させるため、捜査検事がフロッピーディスクの更新日時を改竄していたのだ。事件を成り立たせるため、捜査の宝物でもある証拠をねじ曲げていたのだ。

最高検は主任検事を逮捕し、次いで上司の特捜部長らも逮捕した。しかし、村木逮捕にゴーサインを出したのは最高検ではないか。その責任を放置して現場だけの逮捕。組織への飛び火を回避しようとする役所流のやり方だ。

朝日報道はその年、新聞協会賞（編集部門）に追加決定された。公判を丹念にのぞき、弁護士に接触し、疑問のタネを見つけ、チーム取材を展開し、大きな成果にこぎ付けた。聞くところでは、別の新聞社も追っていたというが、朝日の先勝ちとなった。

検察の存在を根底から揺るがす事態となった。検事総長が引責辞任した。いくつもの改革案が出された。検察トップ筋は「特捜が立ち直るには十年かかる。事件も十年はできない。その間は警察、国税、公取委、金融庁などの事件の下働きをして、出直しをさせる」と苦衷の口調で語った。

朝日報道がなければ、特捜はまだ居丈高に「天下国家はおれたちが動かす」などと豪語していたかもしれない。高い代償を払ったが、驕りを排す転機になればいい。

エピソード

窪田弘さんのこと

二〇一三（平成二十五）年二月、元国税庁長官で元日債銀会長の窪田弘さんが病気のため八十一歳で亡くなられました。東京・高円寺で神式による葬儀が営まれました。北風吹く寒い夕方、弔問客は会場の外まであふれました。ほとんどが財務省関係の方でした。

窪田さんは筆者が国税担当時代、長官に就任され、親しくしていただきました。大蔵省のエリート官僚でしたが、静かな佇まいで、理路にかなった言説を聞かせていただきました。

その窪田さんが日債銀の粉飾決算事件で東京地検特捜部に逮捕されたのです。一九九八（平成十）年に日債銀が経営破綻し、刑事事件を追及するための逮捕です。検察の国策捜査です。裁判では二〇〇九（平成二十一）年、最高裁が東京高裁に審理を差し戻し、無罪判決が確定しました。本文でも述べましたが、粉飾というのは何代も前から積み重ねられたもので、歴代は問われず、直近だけが処罰対象になるのはおかしな話です。

北海道東北開発公庫総裁のとき、政治家銀行と言われた日債銀の立て直しを請われ、再三断りながら、渋々引き受け、顧問、社長、会長職を務めました。「政治家銀行と言われた日債銀の汚名を返上しよう」と銀行再建に取り組みました。

金丸脱税事件で、金丸さんの元秘書らは隠し資産を日債銀に割引金融債の形で保管していました。国税、特捜部の調べは日債銀に集中しました。窪田さんは「全面協力を」と指示していました。

それが同じ特捜部によって逮捕された。しかし、無罪。翻弄されました。無罪判決に検察からはなんの言葉も説明もありませんでした。

葬儀会場だけは献花する弔問客が「無罪でよかったね」と声をかけているようでした。窪田さんの座右の銘は「一灯を提げて暗夜を行く。暗夜を憂うることなかれ。ただ一灯を頼め」（「言志晩録」）でした。

第八章

どこに正義を求めるか

一　小沢一郎捜査

ここは筆者の独り言。

司法記者クラブ兼事件遊軍キャップ時代は終わった。社会部デスクを再度担当し、その後、特報部デスク、写真部長と次第に現場から遠ざかっていった。二〇〇三（平成十五）年三月には中日新聞北陸本社（金沢）の編集局次長に就いた。当時の社屋は香林坊にあった。

それまでも事件関係だけでなく、東京都知事選、東京都議選、老人団地問題、高校教育問題、捕鯨問題などの取材にかかわった。こうした取材は楽しい。「抜いた、抜かれた」がない。書いて喜ばれる記事も多い。金沢ではこうした取材の領域を広げようと考えた。

ところが、金沢では管理職。毎日がハンコ押し。現場に行くことはない。原稿を書くこともほとんどない。かろうじて頭でこねたコラムを書くぐらいだった。

冬は体を持っていかれるほどの地吹雪。夏はフライパンの上のような暑さ。それでも、せっかく北陸に来たのだからと、おいしい魚介類、お酒、温泉を楽しんだ。車を白川郷、琵琶湖、京都、富山などに走らせた。

寒さ、暑さを除けば楽しい金沢生活だったが、暗転する出来事が起きた。がんになった。金沢の病院で発見してもらった。「胃に変なものがあります」。単身だったので、治療は東京・築地の国立がん研究センター中央病院に託した。胃を三分の二切り取り、寛解したかに見えたが、食道、喉に相次いで発症した。手術、入院を何回繰り返したことか。十回ぐらいになるのではないか。食道と中咽頭の声帯付近のがんのときは、放射線と抗がん剤治療。胸も喉も焼けて真っ黒になった。

金沢で事件への関心は断ち切った。他領域に食指を伸ばすためだ。そして東京に戻って編集委員になり、好きなことができる立場になった。日本と世界の高速鉄道、リニア、電力、原発、宇宙開発などの取材に力を入れた。脈絡がないようだが、日本経済が萎縮するなか、世界戦略になりうる産業と考え、目を付けたのだ。雑誌に発表し、高速鉄道関係は本にした。

ひょんなきっかけから台湾に遊びに出掛けた。二十年ぶりの訪台だった。あまりの変化に驚き、同時に親日感情の強さを知り、おいしい食べ物、物価の安さなどから台湾に魅せられた。その後、現在まで二十回ぐらい訪問し、取材に遊びに歩き回った。今は『ジャーナリストが歩いた台湾』のタイトルで出版準備に入っている。日本、大陸に翻弄された台湾の歴史と現在は奥深い。

がんの発症を懸念しながら、合間を縫って遊び、仕事をし、凝縮した時間を過ごせたのではないかと思っていた。

ところが、寛いでいるところに小沢一郎関連捜査が始まった。驚いた。選挙前に、それも政治資金規正法違反で元秘書らをいきなり逮捕した。政治検察か。マスコミの多くも見方は同じだった。旧知の雑誌記者らから怒濤のように取材依頼が入った。受けざるを得なくなった。というより、検察の〝不遜〟を怒った。また事件関係者の取材が始まった。多くの雑誌に寄稿した。

編集委員の立場だったが、東京新聞特報面に寄稿した。「『狙い撃ち』疑念消えず」のタイトルだった。記事では「一年近く一人の政治家周辺を洗い続けた検察」「〝狙い撃ち〟〝見込み捜査〟」などと捜査の不可解さを描いた。

二〇〇九（平成二十一）年夏、月刊「文藝春秋」から四百字詰め三十枚の注文があった。タイトルは「民主政権で『特捜検察』が消える日」だった。食道がんの放射線、抗がん剤の入院治療中のことだった。病院で原稿はなんとかこなした。同じく「文藝春秋」で朝日・村山治、元NHK・小俣一平と鼎談した。「小沢強制起訴は人民裁判か」。大阪地検特捜部のフロッピーディスク改竄事件などを受けたやり取りだった。筆者は「どの企業にもある原理原則が検察社会にはない」「職人芸の再来に期待したい」などと述べた。その他、講演も共同通信、成蹊大学から依頼され、前任地の金沢にも出掛けて話をした。結局、元の木阿弥、事件との縁は切れず、またどっぷりだ。

二　冤罪と可視化

思い出の引き出しは閉めよう。

さて、検察はどこへ行くのか。特捜の弱体化と並行して進んでいたのが、刑事司法制度改革だった。ひとつは新法曹養成制度の導入である。法科大学院（ロースクール）を設置して司法試験受験希望者を受け入れ、試験に臨ませる試みだ。法曹人口を増やし、「国民に良質な法的サービスを」と謳ったが、合格者ゼロという大学もあり、試行錯誤中にある。次は裁判員裁判制度の導入。そしてもうひとつが検察審査会への強制起訴権限付与。これらを三位一体とした刑事司法制度改革が進められた。

「国民の司法参加」を標榜した改革は、少なからず検察捜査の在り方にも影響を与えた。二〇〇九（平成二十一）年から実施された裁判員制度と新検察審査会制度にそれを見よう。

導入にあたって法務・検察は並々ならぬ汗と時間を費やした。作業の中心は最高検だった。裁判員に分かりやすく説明し、また、法廷を円滑に運営するため、検察は公判対策重視にシフトした。有能な検事を公判部に回し、特捜部からも抜擢した。裁判員裁判を担当する特別公判部には二十五人の優秀な検事を割いた。大阪地検特捜部の不祥事後、最高検幹部は「特捜の弱体化はここにも一因があったのかもしれない。裁判員制度が定着したので特別公判部を解体し、人員を特捜部などに振り分ける必要がある」と特捜部体制の強化を図る対応を決めた。法務・検察トップは司法制度改革の成功を第一義に考え、事件処理を二の次にしてきた側面がないわけではなかった。

検察審査会への強制起訴権限付与も事件捜査に微妙な影響を与えた。検察審査会制度は一九四八（昭和二十三）年に制定された。ＧＨＱが戦前の思想検察の復活を嫌い、検察権限（捜査権など）の剝奪、公判専従論や起訴権限を一般人に委ねる大陪審制の導入といった構想を抱いていた。日本検察はこれをかわすため、自らのチェック機関として検察審査会制度を設けた。しかし、強制起訴権限はなく、検察は審査結果にあまり左右されることはなかった。そこで、法務・検察は米国流の開かれた司法を目指す一環として市民による強制起訴権限制度を新設した。

検察の独善を排する意味では評価される。傍ら、検察官の「起訴独占主義」の一角が崩れ、弊害も生じた。「市民目線、市民感情」から来る「とりあえず起訴」による被告人創出である。裁判は無罪が続出した。検察は審査会を横目に見ながら刑事処分することを余儀なくされた。不起訴処分にしたのに審査会によって起訴され、有罪にでもなったら顔なしだ。「それならこちらで」という起訴処分も生まれた。また、無理筋事件だが審査会に委ねようという、主体性欠如の事件処理もあった。小沢一郎関連の政治資金問題では、検察審査会に小沢を起訴させるため、捜査報告書の捏造にまで手を染めていたのだ。

刑事司法制度改革、検察不祥事、経済検察主義は特捜捜査に大いなる影響を与えてきた。大阪地検特捜部の不祥事のあと、特捜不要論が持ち上がった。どう考えるか。筆者は特捜的組織の必要性を訴えたい。自治体警察の限界を超え、高度知能犯罪を掘り起こし、権力機関を監視する独立捜査機関は、特捜的組織にこそ求められるからだ。

不祥事で検事総長・大林宏が辞任し、後任に東京高検検事長の笠間治雄が就任した。吉永祐介と同じように検事長で退官を迎えるはずだったが、総長辞任で急遽の登板となった。

笠間は相次いで改革案を提唱した。検事教育、チェック機関の新設、取り調べの録音・録画（可視化）の適用範囲拡大などを打ち出し、組織体制も変えた。

二千七百人の正副検事と九千人の検察事務官は組織改革を見守った。笠間は特捜部を存続させながらも独自捜査部門の縮小策を実施させた。独自捜査を担当する特殊・直告班は二班制から一班に減らされ、それまで一班だった財政経済班が、脱税事件を扱う財政班、金融事件や警視庁事件に対応する経済班の二班に拡充された。独自捜査は一から出直しということだ。

論議が多いのが可視化問題である。現在は警察、検察で試行段階にある。この適用対象事件をさらに広げようというわけだ。警察は強く反発する。検察にも供述を得られなくなるという声がある。一方、識者の間からは適用対象を裁判員裁判事件と検察独自捜査事件に限定することに不徹底との意思表示も出ている。これまでの冤罪事件、無罪事件は取り調べにおける威迫や誘導が原因との見方もあり、可視化拡充は避けられない流れであろう。

とはいえ、自白は証拠の王であることに変わりはない。自白を取る検事を〝割り屋〟と言う。大阪タクシー汚職事件を捜査した元大阪高検検事長・別所汪太郎《おうたろう》（故人）は「割らん検事は飛ばぬ鳥」の言葉を残した。

そういえば、こんなこともあった。一九八七（昭和六十二）年ごろ、山梨県内の市長が絡んだ汚職事件をある特捜ヒラ検事が担当した。市長から直《じか》に話を聞いた。すると、市長はすべてを自白した。驚いたのは検事の方だった。とりあえず自白調書を取り、顚末を上司に報告した。上司は「え、なんだ、これ。全面自白じゃないか」。そして逮捕に至った。捜査側にとって自白はやはり証拠の王なのである。問題はその取り方なのだ。もうシナリオに合わせた調べは通用しない。

可視化拡充決定とバーターのように司法取引など欧米流捜査手法が導入される。いわゆる〝汚い捜査手法〟だ。通信傍受には適用対象が追加される。不起訴・求刑軽減を約束して供述させる「協議・合意制度」なども可能になる。独占禁止法では既に課徴金減免制度（リーニエンシー）という司法取引が導入されて効果を上げている。それもこれも、結局、供述を引き出すための便法であり、形を変えた自白偏重と言えなくもないのだが。

自白した供述は調書に取られ、裁判所に提出される。裁判所は検事が作成した調書を頼りに判断する。これまで裁判所は検事調書をほぼ信用し、判定を下していた。調書主義、調書裁判だ。冤罪事件は調書、証拠に虚偽があって発生したケースも多い。

裁判所が検事調書に疑いを挟むことはあまりなかった。検察にもたれかかる裁判所だった。二〇一〇（平成二十二）年の東京新聞特報面。映像作家の運転免許証住所地記載ミスを捉え、警察は逮捕した。本人は「なぜこんなことで」と思った。しかし、裁判所は勾留請求と接見禁止まで認めた。裁判所は検察の追認機関だった。これが検察起訴の「九十九パーセント有罪」にある背景だ。

大阪不祥事を経て調書主義からの脱却が唱えられている。法廷は調書のやり取りで済ますのではなく、証人を呼んで聞く口頭主義に転じつつある。裁判所は検察に距離を置き始めたわけだ。〝不実〟な関係と疑われる「判・検」交流も見直された。
自白偏重主義の弊害は是正されなければならないが、贈収賄事件などは目に見える証拠が希薄だ。供述が頼りである。密室犯罪だからである。可視化と脱調書主義について、ある特捜ＯＢは「汚職事件捜査が難しくなった。ガンガン叩くのは通用しない。相手の防備はこちらを超えている。手法を考える必要がある。認めざるを得ない証拠、また、第三者の供述を用意することだ」と知恵と工夫の必要性を訴えた。

この節の最後に、あまり論議されていないが、検察の説明責任に触れたい。冤罪、無罪、不発捜査があっても、検察は「なぜ」について説明や検証結果をほとんど公表しない。刑事訴訟法第四七条に「訴訟に関する書類は、公判の開廷前には、これを公にしてはならない」とあるからだ。

不起訴理由についても同様で、刑訴法を盾によほどの事件でない限り「不起訴とする」の不起訴裁定書が舞い込むだけだ。説明は検察官の裁量に任されている。しかし、刑訴法は続いて「但し、公益上の必要その他の事由があつて、相当と認められる場合は、この限りでない」と示している。また、刑訴法は「公判」を前提としている。不起訴なら公判はないのだが……。容疑者にされて不起訴となった人、あるいは無辜《むこ》の人たちの名誉回復のためにも丁寧な説明が必要ではないか。

一九九七（平成九）年、東京・世田谷で起きた片山隼《しゅん》君死亡交通事故。ダンプカーに轢《ひ》かれたが、運転手は嫌疑不十分で不起訴になった。両親が東京地検の担当部署に聞くと、「刑訴法に規定がある。理由を教える義務はない」と突っぱねられた。毎日新聞がキャンペーンを展開し、検察は反省したうえで丁寧に話を聞き、再捜査して運転手を在宅起訴した。

小沢一郎関連事件では多額の捜査費用を使って本人を執拗に追い、失敗した。なぜ選挙前なのか、なぜ小沢なのか、なぜ不発に終わったのか。国民は知りたい。情報開示のこの時代、秘密主義でいいのだろうか。捜査結果や刑事処分には可能な限り説明し、開かれた検察を実現すべきだと思う。

三　検事総長

検察官バッジを指して「秋霜烈日」と言う。今は「秋霜劣日」にある。「劣日」からの再生を目指して格闘したのが元検事総長の笠間治雄である。二〇一〇（平成二十二）年十二月に就任し、二〇一二（平成二十四）年七月まで務めた。

東京高検検事長で退官予定だった。部屋の片付けをしていたところ、大林宏の後任として白羽の矢が立ち、検事総長に就任した。「現場で起きた不祥事は、現場に長くいた者の責任」。特捜捜査の問題点に気付いていながら是正し切れなかった悔恨もあり、改革の役を引き受けた。

＊

笠間治雄は司法修習二十六期。中央大学卒。就任前の歴代検事総長は法務官僚派の原田明夫、松尾邦弘、但木敬一、樋渡《ひわたり》利秋、大林と続いた。私大出身で法務省勤務経験のない検事の総長就任は異例。特捜部に通算十二年在籍し、事件捜査に精通した検事である。元建設相・中尾栄一や元参院議長・村上正邦ら国会議員の汚職事件を捜査指揮した。

＊

笠間からは現職中、退官後も含め、何回も話を聞いた。

「問題は内部要因にあると思うのです。法務省と特捜部を行ったり来たりさせ、一年か一年半で交代させる。何ができるのだろうか。本省向きの人は本省に、現場向きの人は現場に配属した方がいいと考えました」

「現場の人は政治に影響されることなく、また、頭だけで事件を考えるのではなく、証拠に忠実に、ファクトを重んじた訓練をすべきです」

「可視化の下で特捜事件は十分な取り調べができないという声があります。それならば可視化のメリットを考えて利用しろと言いたい」

では、特捜部の存在の是非、位置付けはどうなのか。巷には特捜不要論も流れた。

「独自捜査をすべき価値ある事件は捜査すべきです。特捜部の独自捜査班の存在は意味がある。廃止することはない。ただ、独自捜査を担う部隊が大きいと、無理にでも事件をやらなければと焦ってしまう。そこに間違いが生じる。だから、当面は縮小体制にしたのです」

笠間体制以降、検察は改革を進めているが、効果が出るのは先だろう。その間、警察などの受け事件をこつこつやり、勉強し、捜査力を付けて再浮上する方針だ。

「オール日本として捜査・調査力の向上に資するため、特捜部の他機関へのこれまで以上の関与は意義深いと思います」

「何より、言いたいことは、特捜は名誉のために捜査をするのではないということです。証拠と処罰価値がある事件について公訴提起するのが検察の使命です」

検察OBのなかには特捜弱体化策と捉える人も少なくない。OB検事のある会合で「特捜部の伝統、歴史がご破算になる」「どこの企業でも看板部門はある。そこが沈滞すれば組織全体に影響する。縮小体制でいいのか」など不満の声が漏れたという。

笠間は「改革は誰か怒るような人が出て、初めて本物の改革になる。大阪不祥事を逆にステップアップに活用するのです。それにしても記者さんは検察の悪口を随分書いてくれましたね」

筆者はこう言った。「震災後の復興事業で東北は土建屋、利権屋が暗躍している。何兆円もの資金が投下され、その争奪戦になっている。受け事件をやらせるのだったら、こうした目に見える不正を特捜部が摘発したらどうか。国民から喜ばれる事件内容があってもいいのではないか」「検察は閉じた世界にこもり、人を寄せ付けなかった。今こそ、世の中に出て、主張を人々に伝えることが大事ではないか。外部の空気を取り込むためにも実行に移すべきだ」

笠間は筆者の勧めもあって、現職中に月刊「文藝春秋」に登場した。二〇一一（平成二十三）年八月号に「検事総長　初めて語る『特捜部改革』」で語った。「無茶な取調べやいわゆる冤罪はなくなったけれど、犯罪はその分増えました、という結果では絶対によくありません」と述べ、新しい捜査武器の研究が必要だと説いた。現職検事総長が雑誌で胸中を明かした例は、かつて吉永祐介が文春の「マルコポーロ」（廃刊）に登場したときぐらいだったと思う。

笠間の話に関連するが、二〇一四（平成二十六）年春、朝日新聞・村山治、元ＮＨＫ・

小俣一平と筆者による鼎談「三匹のおっさん記者、東京地検特捜部を語る」（「週刊現代」、計五回）を連載した。一部を紹介しよう（文言は若干加工）。

＊

小俣　特捜検察の黄金時代を間近に見ていた私たちにしてみれば、本当に今昔の感に堪えません。だけど、権力者の周りに不可解なカネの流れがあったら、それを解明するのが特捜部の役割です。

村山　贈収賄は密室の出来事です。近年、これまでの捜査手法が通用しなくなった。政治家側が巧妙になってきたこともあります。職務権限のある政治家が直接請託を受けて、贈賄側からカネを受け取ることはまずない。カネを受け取るとしても職務権限がなくなってからとか、ダミー会社を嚙ませるようになった。

村串　特捜部は政治や経済の潮流に迎合するかのように「経済検察」にシフトしていく。

村山　（ライブドア事件などは）本来は証券取引所や金融庁などが脱法行為をやめるよう積極的に権限を駆使して「指導」すべきでした。ところが、手をこまねいている間に肥大化してしまい、特捜部が摘発に踏み切ったのです。

小俣　則定氏の一件でそれまである程度予定されていた検察内部の人事構想もご破算に

なり、随分混乱しました。

村山　検察現場の弱体化という点では、同じころから本格的に動き出した司法制度改革も大きく影響しています。捜査の中核を担う中堅クラスの優秀な検事が次々と、法務省の司法制度改革の事務局に召し上げられてしまった。

村串　安易に司法取引などに頼るのではなく、塵の如き証拠を積み上げ、全人格をぶつけて容疑者と対峙する。そうした捜査官魂に磨きをかけてほしいものですね。

＊

鼎談が終了してからの、東京・神田の九州料理屋での一杯が楽しみだった。活きづくりのイカをつまみに焼酎を傾け、事件、検察、記者をめぐってあれこれ回想が出た。「確かに特捜イコール正義の時代は終わり、ターゲットが変わった」「巨大権力の自民党を監視する時代も去ったしね」「司法環境も一変した。裁判員制度、新検察審査会制度の影響が大きい」「マスコミも3・11以降、事件報道に意欲を失った。それどころじゃないということでしょう」「独自捜査も特ダネも減衰した」「しかし、悪人が襟を正したという話は聞いたことがない。特捜部的組織は必要だ」

四　なおはびこる不祥事

企業不祥事は相変わらずだ。二〇〇〇（平成十二）年以降を見る。雪印乳製品による大規模食中毒、三菱自動車のリコール隠し、牛肉偽装事件、東京電力の原発トラブル隠し、JR西日本の福知山線脱線事故、マンションの耐震強度偽装、パロマ湯沸かし器事故、事故米の食用販売などなどだ。産地偽装や賞味期限改竄問題は枚挙にいとまがない。官庁では社会保険庁（当時）が年金記録消失という重大不祥事を起こしていた。

では、政界の「政治とカネ」の問題はどうなったのか。

二〇一三（平成二十五）年から翌年にかけて話題になったのが東京都知事だった猪瀬直樹、みんなの党代表だった渡辺喜美への不透明な資金流入だ。

「徳洲会、猪瀬氏側に5000万円」は二〇一三年十一月、朝日新聞が特ダネ報道した。報道前、東京地検特捜部と警視庁は合同で医療法人・徳洲会グループの選挙違反事件を捜査していた。衆院議員・徳田毅の選挙で運動員に巨額の現金などを供与したとして公選法違反（運動員買収）で親族らを逮捕した。その直後の朝日報道だった。翌年の新聞協会賞に選ばれた。従軍慰安婦問題、東電「吉田調書」報道の誤報があるなか、調査報道が際どく成り立っていることをうかがわせている。

猪瀬側は五千万円を何に使おうとしたのか。趣旨は何であったのか。こんな背景が語られた。東京都は東電の筆頭株主である。猪瀬は東電の株主総会に出席し、東京・新宿区の東電病院の売却を迫った。徳洲会は東京都心での病院開業を悲願としていた。だから、売却決定のお礼ではないかと憶測が流れた。そうならばきな臭い事件になる。でなくても、五千万円を選挙資金として借り、使っていたのだとすれば、収支報告書不記載に当たる。

特捜部は市民団体の告発を受理し、捜査に入ったが、二〜三ヵ月後に略式起訴（罰金五十万円）の結論を出してしまった。病院売却問題は不問。選挙資金として使われたことが立証できなければ公職選挙法の収支報告書の虚偽記載に問えないが、猪瀬は最終的に「選挙資金」と認め、略式となった。何か金丸信に対する五億円献金問題の処理ケースと似ている。略式では公判も開かれない。一応起訴しているから検審の出番もない。真相は藪のなかとなった。

渡辺の方は「週刊新潮」などのスクープだった。化粧品大手のDHC会長から二〇一〇（平成二十二）年の参院選前に三億円を借り入れ、二〇一二（平成二十四）年の衆院選前にも五億円を借用していた。渡辺は「借り入れは個人的なもの」など、明確な使途をつまびらかにしなかった。使途によっては公選法や政治資金規正法に抵触する可能性があった。特捜部は二〇一四（平成二十六）年暮れ、政資法違反の有無を確認するため、渡辺を聴取した。結論は「個人的借り入れ」として嫌疑不十分で不起訴とした。

興味を引くのは渡辺が借りたカネは「党勢拡大」「政界再編」に備え、プールしていたという発言だ。田中角栄、竹下登、金丸信、小沢一郎らもそんな言葉を漏らしたような記憶がある。しかし、みんなの党は党勢拡大の前に解党し、ご本人も同年暮れの総選挙で落選してしまった。

両案件にマスコミも市民団体もさほど執着しなかった。八億円、五千万円はさほど金銭価値がなくなったのだろうか。かつてなら、国会や都庁舎を取り巻く騒動に発展していたかと思うが……。

自民党の小渕優子、松島みどり。二〇一四年九月、安倍政権の第二次内閣改造でそれぞれ経済産業大臣、法務大臣になった閣僚である。

松島は選挙区内でうちわを配り、公選法で禁止されている寄付行為に当たると国会で追及された。法務・検察の監督・指揮を預かる法務大臣だ。政治資金規正法や公職選挙法のイロハさえ知らない法務大臣なのか。法の番人として送り出した政権の見識を疑う。特捜部は配ったのは本人ではないとして不起訴にした。

小渕は後援会団体などが、支持者会員の観劇会で二千七百万円の費用を一部負担し、政治資金収支報告書に記載していなかった不備を問われた。群馬県名産の下仁田ネギ、ベビー用品、ハンドバッグなどの購入形跡もあるが、これはご愛嬌としよう。

市民団体が東京地検特捜部に告発状を出したところ、特捜部は即座に反応し、小渕の元秘書で群馬県中之条町元町長の自宅などを家宅捜索した。テレビで久しぶりに検察の〝ガサ入場行進〟を見た。「特捜、ここにあり」を見せたかったのだろうか。八億円も五千万円もほぼ無視し、観劇会への拠出で家宅捜索。その先に巨悪が待っているのか。まだ捜査途上にある。結論が楽しみだ。

筆者が憤りを覚えるのは社会保険庁による消えた年金問題である。二〇〇七（平成十九）年に発覚したが、過去の年金記録を喪失するなど、言語道断の不祥事である。定年、あるいは引退までせっせと払ってきた年金積み立ての記録がない。このずさん管理は許せない。

「特捜部が捜査、解明すべきだ」という検事もいた。しかし、小泉政権が敷いた郵政改革、年金改革が途上にあった。結局、社保庁自前の〝改革〟で終わらせてしまった。国民生活に直結する問題。先に述べた東北利権ではないが、天下国家も重要だが、生活密着型案件に目を向ける新しい特捜捜査を試みるべきだったのではないか。ＯＢ検事がこう解釈してくれた。「公務員の堕落の典型的ケース。公文書偽造とか、もろもろの嫌疑が想定できた。国策捜査と違い、真に国民の利害にかかわる問題。なぜ真相を探ろうとしなかったのか」

五　秋霜烈日と無冠の帝王

はびこる不正を誰が掃除するのか。当局はもちろんだが、マスコミの役割も見逃せない。論を立てるだけの読み物新聞、当局情報頼りの報道、発表記事に新鮮さ、驚きはない。新聞の命はそれまで知らなかったことを出すことだろう。第五福竜丸被爆（一九五四〈昭和二十九〉年）、水俣動物異変（同年）、イタイイタイ病（一九五五〈昭和三十〉年）、食品偽装、欠陥自動車などは新聞報道が明らかにしてきた。報道がなければまだ欠陥自動車に乗り、害毒食品を食べていたかもしれない。司馬遼太郎が言う「無償の功名主義」を新聞記者像に、歴史の記録者であり続けてほしい。

さて、本書も締めくくりの時間に入った。もう一度、事件捜査の在り方に触れよう。

特捜の猛者として知られた熊﨑勝彦がこんなことを言ったことがある。「特捜部は重いと思いますよ。昔は検事総長も『特捜が決めたことなら』と特捜判断を尊重してくれた。吉永さんも土肥さんもそうだった。そしてこんなことを言われましたよ。『今の捜査は丁寧で厳格だね。終戦直後はパッと網をかける捜査で、無罪も多かった。今は細かく神経を遣っていますね。だけど、見ていて疲れます』とね。よく理解してくれていた。そして情報を取れる検事になれと言われた。情報がなければ捜査は始まらない。いい端緒、いい情報があれば、捜査は半分成功したのも同然です。その事件を掘り起こし、身震いするような展開になれば最高です」

吉永はかつて筆者にこんなことを話してくれた。「検察はそこにある不正を捜査するだけです。政治的影響を与えようなどと考えるのはもってのほか」「検察は自転車と同じです。ペダルを踏んでいなければならない。そう、事件をやっていないと倒れちゃう」。こうした吉永の捜査観で門下生が何人も育っていった。

最近は独自に情報を入手する潜行捜査への関心が薄れていると言われている。捜査自体がスマートになり、組織捜査を重視し、指令者の意向に沿うような証拠集めに入る。個人プレーは敬遠されている。職人型検事が不在になっている。そして犯罪は密室化、巧妙化し、政官界の不正は沈殿したままとなる。壁をどう突き破るか。

再三登場してもらっている石川達紘。「かつては副部長がネタを引っ掛けてきた。告訴もあるが、周辺官庁情報、情報筋、マスコミなどの話を耳にして、密かに調べ、花を開かせる。警察、国税からのもらいネタではない独自案件の開発だ。受け事件で果実だけもらっているのでは訓練にならない。見通しがつくまでの捜査は一人で全責任をもってやらせてきた。一人でやっていると怖さが分かってくる。いよいよ着手となると上下に関係なく、何度も検討会を開き、論議する。検事は職人。システム捜査で職人検事が育つことはない」

　捜査権、公訴権、裁判の執行・監督権という強大な権限を握りしめている検察。検察の看板は特捜検察。遊ばせておいたら国民的、社会的損失になる。驕りを排して謙虚な職人集団になり、国民が溜飲を下げるような事件に挑んでほしい。

　破邪顕正を標榜する検察、無冠の帝王を自負するメディア。ことを為す途上で無罪、冤罪、誤報、虚報、不祥事にまみれてきた。しかし、片や潜む不正を摘出し、片や不正の存在を知らしめる役割を担ってきた。両者は国民のワイパーである。この二つの存在がなければ日本はどうなっていたのか。どこかの国を考えれば分かる。

エピソード

仲間たち

　この本を執筆中の二〇一四（平成二十六）年秋、東京・四谷で元特捜部長の五十嵐紀男さんを囲む会を催しました。要するに酒を飲む会です。朝日・村山治、元NHK・小俣一平、日経・坂口祐一、共同通信・相楽孝一、時事通信・北原斗紀彦《ときひこ》の各氏らと筆者です。やはり、事件の思い出話になります。五十嵐さんは金丸脱税事件を振り返り、「ともかくマスコミに感付かれ、書かれたらつぶれてしまうので、苦労しましたよ」と言えば、我々は「各社一斉に検察に抜かれた事件。特オチでもしていたら、今日はなかっただろうな」なんてね。

もうみんな還暦を越えました。坂口さんだけ五十歳代で、検察担当のころは三十歳ぐらいでした。今は論説委員として健筆をふるっています。小俣さんは現在、東京都市大学教授。「いやー、抜かれて何回丸坊主になったことか。だから禿げたんですよ」(爆笑)と「抜いた、抜かれた」も笑い話のなかに収まった。

時事通信の北原さんは、筆者ががん治療で築地のがんセンターに入院していたとき、ひょっこり見舞いに来てくれました。入院は会社にも言っていなかったのです。かわいらしいブーケを持ってきてくれました。

検察関係者、記者仲間と旧交を温める会は年に何回か開かれ、ゴルフの会にも参加しています。検察関係、弁護士、記者による一泊二日のコンペには女性記者がたくさん参加します。プレーを終え、焼き肉レストランでたらふく食べ、酒を飲み……。至福です。闘い済んで、日が昇る？

あとがき

「村の渡しの船頭さんは今年六十のおじいさん……」という歌があった。六十歳になっても踏ん張って櫓《ろ》をこいでいるという、疲労感のある歌だった。

筆者は昨年（二〇一四年）暮れに六十六歳になった。新聞記者ひと筋に中日新聞（東京新聞）で四十年を過ごした。思えば遠くに来たものだ。四十歳代、五十歳代に「今年六十のおじいさん」を考えると、六十歳はもうチャンチャンコを着て、背を曲げて囲炉裏酒でも飲んでいるという姿を思い浮かべたものだった。しかし、今は七十歳代、八十歳代まで元気で仕事にいそしんでいる人が多い。

六十歳の定年後、特別嘱託として会社に残留し、編集委員の仕事に携わってきた。六十五歳で完全退職し、義務的仕事、会社への往復から解放された。しかし、まだ隠居には早い。では、何をするか。まず、考えたのが台湾へのプチ移住だった。物価は三分の一から半分ほど。年金だけで十分やっていける。家探しも始めた。台湾は、かれこれ二十回ほど訪ねている。単行本執筆のための取材や、遊びであちこち回った。素直な〝国〟ではあるが、日本統治、戦後の国民党支配に翻弄され、奥行きの深さと複雑な顔を見せている。

しかし、病気の連続によって阻止された。十一年前に胃で始まったがんは、食道、喉に這い上がっていった。最近は、収束傾向にあり、これならプチ移住も可能と考えたが、今度は心臓病と肺炎に襲われた。まあ、台湾プチ移住は夢に描いておくとしよう。

会社引退後も月刊誌、週刊誌に寄稿し、単行本も何冊か出した。似合わないが老後・終末期・死後問題などを考える著作にもかかわった。終活セミナー「ゆかり協会」(東京・港区)の理事を頼まれ、就任したからだ。そして、楽しみの台湾本に取り掛かろうとしていた矢先、ゆくりなくも今回の出版企画が飛び込んできた。

本を一冊こなすには力業が必要だ。脱稿に至るまでを考えて気が遠くなった。でも、引き受けた以上はやらねばと資料をくり、関係者の取材にあたり、なんとか形だけはつけることができた。

書きながら思うことがいっぱいあった。歩いてきた過去が淡い影絵のように去来した。我々は捜査の無謬性を信じてきた。検察、警察、国税がやることだから、被疑者は絶対悪だった。逮捕されるとメディアは被疑者を真っ黒と見た。だから、当局情報を入手することに血道を上げてきた。特ダネ競争に追われた。当局が何をやっているかを掴み、報道することに国民利益が存在するものと信じてきた。しかし、検察の正義の仮面が剝がされた今、事件報道も揺らぎのなかにあるようだ。

マスコミは冒頭に触れた重油タンク殺人事件ではないが「推定有罪」を前提に報道する。自己都合に合わせた取材、原稿書きもする。人権より紙面という一時期もあった。筆者自身にも恥部として残っている。

マスコミの自縄自縛作用も執筆作業を窮屈なものにしている。亡くなった俳優の小沢昭一さんをインタビューしたとき、「月経帯という言葉は忌避されるのですかね。新聞も軟弱になったね」と言われたことがある。「片肺飛行」も「片腕」もだめという。個人情報保護法、特定秘密保護法など外部からの規制が強まっているなかでの自己規制である。

捜査陣、報道側ともに閉塞状況にあるように思う。殻をどう破るか。外から割ってもらうか、自力で中から割るか。桜は冬の寒さに刺激されて花芽が目覚めるという。「休眠打破」。極寒を開花につなげたい。

執筆にあたり、検察、弁護士、マスコミ関係者に大変お世話になった。担当していただいた講談社第一事業局長・鈴木章一氏に多くのアドバイスをいただき、刊行にこぎつけることができた。深謝したい。

二〇一五年春　村串栄一

【戦後の主な事件・企業不祥事年表】

※年月は発生・摘発時。肩書・団体名などは当時

西暦	年号	**特捜部が関与した事件** カッコ内は企業不祥事など
一九四六年	昭和二十一年	日本国憲法公布
一九四七年	昭和二十二年	検察庁法施行。特捜部の前身「隠匿退蔵物資事件捜査部」が発足
一九四八年	昭和二十三年	**昭和電工疑獄**　復興金融金庫融資をめぐる汚職事件。芦田均首相らが逮捕されるが大半が無罪。芦田内閣は総辞職 **炭管疑獄**　石炭産業国家管理法案の阻止をめぐる政界工作事件。田中角栄法務政務次官らが逮捕されたが、無罪に
一九四九年	昭和二十四年	東京地検特捜部が発足
一九五四年	昭和二十九年	**造船疑獄**　造船業者が計画造船の割り当てを求めるなどして贈賄工作。佐藤栄作自由党幹事長の逮捕をめぐって法相が指揮権発動
一九五五年	昭和三十年	五五年体制確立。保守合同、左右社会党再統一で自民・社会による政治体制が確立
一九五七年	昭和三十二年	**売春汚職事件**　売春防止法成立阻止のため国会議員に賄賂。三人は起訴されたが、検察が捜査対象になっていない二議員について容疑があるかのような偽情報を流す。書いた読売記者は告訴された。検察が新聞記者への情報漏洩ルートを探ろうとした工作だった
一九六〇年	昭和三十五年	六〇年安保反対闘争
一九六四年	昭和三十九年	東京オリンピック開催
一九六六年	昭和四十一年	**田中彰治事件**　国有地払い下げをめぐる脅迫事件で田中彰治議員を逮捕
一九六七年	昭和四十二年	**大阪タクシー汚職事件**　ＬＰＧ課税法案に反対するタクシー業界が国会議員に賄賂
一九六八年	昭和四十三年	**日通事件**　日本通運が独占輸送権の継続を求めて贈賄工作
一九七二年	昭和四十七年	連合赤軍あさま山荘事件

一九七四年	昭和四十九年	連続企業爆破事件
一九七六年	昭和五十一年	**ロッキード事件**　ロッキード社が航空機売り込みをめぐり、田中角栄元首相らに賄賂提供
一九七九年	昭和五十四年	**ダグラス・グラマン事件**　米国が航空機売り込みのため日本政府高官に賄賂疑惑。検察が捜査開始宣言。政府高官の訴追に至らず
一九八二年	昭和五十七年	ホテルニュージャパン火災 日航機が羽田沖で逆噴射墜落
一九八五年	昭和六十年	日航機が御巣鷹山に墜落 バブル景気の始まり。日銀の金利引き下げ策が不動産、株などの財テク投資に走らせた
一九八六年	昭和六十一年	**撚糸工連事件**　政治家が撚糸業界に有利な国会質問を行って賄賂を収受。ロッキード事件以来十年ぶりに政治家を在宅起訴 **平和相互銀行事件**　旧経営陣による乱脈融資事件。監査役だった元特捜検事も逮捕
一九八八年	昭和六十三年	**リクルート事件**　就職協定問題をめぐり、リクルート社が政官界に未公開株を譲渡。竹下登首相が退陣
一九八九年	昭和六十四年	昭和天皇死去
一九九〇年	平成二年	**国際航業事件**　国際航業乗っ取りを図った仕手筋と同社幹部らの経済犯罪で逮捕
一九九一年	平成三年	**イトマン事件**　中堅商社の旧イトマンを舞台とした乱脈融資事件。ヤミの勢力も絡み、戦後最大の経済事件と言われた 湾岸戦争勃発 **証券スキャンダル**　大手証券会社が特定大口顧客に株取引の損失を補塡

一九九二年	平成四年	バブル経済が崩壊 **共和汚職事件**　鉄骨加工メーカーがリゾート開発事業をめぐって国会議員に贈賄工作。ロッキード事件以来十六年ぶりに国会議員を身柄逮捕 **東京佐川急便事件**　東京佐川急便の元社長らが暴力団に巨額融資し、特別背任に問われた。同社側は金丸信元自民党副総裁に五億円を献金し、金丸氏は寄付金の量的制限違反に問われたが、検察は罰金処理に **金丸脱税事件**　金丸信元自民党副総裁がヤミ献金を個人蓄財し、所得税法違反で逮捕
一九九三年	平成五年	金丸脱税事件で自民党が分裂、五五年体制が崩壊。細川連立内閣が発足 **ゼネコン汚職事件**　金丸脱税事件から派生。ゼネコン各社と地方自治体の癒着が白日の下に。国会議員も斡旋収賄で逮捕 田中角栄元首相死去
一九九五年	平成七年	阪神・淡路大震災 地下鉄サリン事件 **二信組事件**　東京の二信用組合の不正融資事件。国会議員も背任容疑などで逮捕
一九九六年	平成八年	**泉井石油事件**　大阪の石油商の脱税事件。関西国際空港の収賄事件に発展
一九九七年	平成九年	**総会屋利益供与事件**　銀行、証券会社が総会屋に利益供与 （**北海道拓殖銀行が経営破綻**　バブル期の過剰融資で抱えた不良債権が原因。都銀初の経営破綻） （**山一證券が自主廃業**　「飛ばし」などによる巨額簿外債務が発覚。負債総額は三兆円とも。戦後最大規模の倒産に）
一九九八年	平成十年	**大蔵・日銀接待汚職事件**　利益供与事件から波及。金融機関が高級官僚を接待漬けにする実態が表面化

		防衛庁背任事件　装備品納入代金をめぐる背任事件 **中島洋次郎代議士事件**　重工会社との汚職事件などで中島洋次郎代議士を逮捕。中島代議士は上告中に自殺した （日本長期信用銀行、日本債券信用銀行が経営破綻）
一九九九年	平成十一年	（現職東京高検検事長の女性スキャンダルが発覚。辞職） 司法制度改革審議が始まる **長銀粉飾決算事件**　旧経営陣を逮捕。しかし、最高裁で全員無罪が確定 **日債銀粉飾決算事件**　旧経営陣を逮捕したが、差し戻し控訴審で無罪が確定
二〇〇〇年	平成十二年	**中尾栄一受託収賄事件**　中尾栄一元建設相が発注工事に便宜を図って賄賂を受領していた **山本譲司献金事件**　政策秘書給与を騙し取ったとして衆院議員だった山本譲司氏を逮捕 **（三菱自動車リコール隠し**　クレーム情報の隠蔽工作が発覚）
二〇〇一年	平成十三年	**ＫＳＤ事件**　「ものつくり大学」建設に便宜を図ったとして参院議員二人が逮捕された 米で同時多発テロ
二〇〇二年	平成十四年	**（東電トラブル隠し**　東京電力が原子力発電所のトラブルを公表せずに隠蔽。内部告発による表面化だった。会長、社長らトップが引責辞任） **鈴木宗男事件**　林野庁の行政処分をめぐる口利き事件などで鈴木宗男氏を斡旋収賄などで逮捕 **（雪印食品牛肉産地偽装事件**　ＢＳＥ対策として実施された牛肉買い取り制度を悪用、補助金を騙し取った。日本ハムの牛肉偽装も発覚した）
二〇〇三年	平成十五年	**坂井隆憲献金事件**　衆院議員だった坂井隆憲氏を一億二千万円の収支報告書虚偽記載などで逮捕

二〇〇四年	平成十六年	**ダスキン背任事件**　ダスキン元会長らが会社資金を不正支出。商法の特別背任で逮捕された **日歯連事件**　日本歯科医師連盟から自民党旧橋本派への一億円裏献金をめぐり、政治資金規正法違反で自民党元官房長官を在宅起訴
二〇〇五年	平成十七年	（**福知山線脱線事故**　百七人が死亡。ＪＲ西日本の効率重視によるスピードアップ、過密ダイヤが原因と言われた） （**耐震強度偽装事件**　マンションなどの耐震強度設計の偽装が発覚） **談合事件集中摘発**　公正取引委員会、検察、県警が相次いで官製談合を摘発。道路公団、防衛施設庁、福島県、和歌山県、宮崎県などの発注工事で **西武鉄道株虚偽記載事件**　コクド会長らが西武鉄道株の保有株数を過少記載するなどして逮捕された **カネボウ粉飾決算事件**　カネボウの粉飾決算で元社長らを逮捕。粉飾に加担したとして監査法人も摘発した
二〇〇六年	平成十八年	（**パロマ湯沸かし器事故**　パロマ工業の瞬間湯沸かし器で一酸化炭素中毒死亡事故が発生。経済産業省が報道発表して原因が明らかに） **ライブドア事件**　株価吊り上げ目的で虚偽の企業情報を流したとしてライブドア社長らを証券取引法違反で逮捕 **村上ファンド事件**　ニッポン放送株をめぐるインサイダー取引事件で村上ファンド代表を逮捕
二〇〇七年	平成十九年	（**食品偽装事件続発**　不二家が賞味期限切れの原材料を使用していたことが発覚。以後、食品会社の偽装が相次ぐ） （**社保庁年金記録ずさん管理問題**　社会保険庁が年金記録をずさん管理し、消えた年金記録が発生）

二〇〇八年　平成二十年
朝鮮総連事件　在日本朝鮮人総連合会の会館仮装売買疑惑に絡み、高検検事長経験者の元公安調査庁長官を逮捕
（生保保険金不払い問題　相次ぐ生命保険会社による保険金の不払い、支払い漏れを受け、大手生保十社に業務改革命令）
（事故米不正転売問題　「非食用」の米穀を「食用」として転売）

二〇〇九年　平成二十一年
小沢秘書らを逮捕　外為法違反事件に始まった西松建設事件は、民主党代表・小沢一郎氏の秘書らの政治資金規正法違反事件に波及。総選挙前の形式犯捜査が論議を呼んだ
（裁判員制度スタート　同時に新検察審査会制度も導入された）
村木厚子事件　郵便不正事件を捜査していた大阪地検特捜部は障害者団体証明書発行に手を貸したとして厚労省女性キャリアを逮捕。裁判で完全無罪が確定

二〇一〇年　平成二十二年
（大阪地検特捜部証拠改竄事件　村木厚子事件を捜査していた検事が証拠物のフロッピーを改竄。検察史上、最悪の不祥事に）

二〇一一年　平成二十三年
東日本大震災
大王製紙元会長を逮捕　巨額会社資産をカジノ資金などにして逮捕
二〇一二年　平成二十四年
オリンパス元会長ら逮捕　損失隠しのための粉飾で逮捕
小沢一郎二審も無罪　強制起訴された小沢一郎氏控訴審判決で無罪確定

二〇一三年　平成二十五年
猪瀬直樹五千万円問題　元東京都知事・猪瀬直樹氏が徳洲会側から五千万円を受け取っていたことが表面化。翌年、略式起訴にて落着

二〇一四年　平成二十六年
渡辺喜美八億円借り入れ問題　みんなの党代表時代にDHCから八億円を借り入れていたことが発覚。結果は不起訴
小渕優子後援会事務所など捜索　元経産相・小渕優子氏の後援会による観劇会収支の未記載で、後援会事務所などを家宅捜索

【本書に関連する法条】（要点）

【検察庁法】

第一条（定義、種類）

二　検察庁は、最高検察庁、高等検察庁、地方検察庁及び区検察庁とする。

第二条（裁判所との対応、名称・位置）

最高検察庁は、最高裁判所に、高等検察庁は、各高等裁判所に、地方検察庁は、各地方裁判所に、区検察庁は、各簡易裁判所に、それぞれ対応してこれを置く。

第三条（検察官の種類）

検察官は、検事総長、次長検事、検事長、検事及び副検事とする。

第四条（検察官の職務）
検察官は、刑事について、公訴を行い、裁判所に法の正当な適用を請求し、且つ、裁判の執行を監督し……（以下略）。

第六条（犯罪の捜査）
検察官は、いかなる犯罪についても捜査をすることができる。

第一四条（法務大臣の指揮監督）
法務大臣は、第四条及び第六条に規定する検察官の事務に関し、検察官を一般に指揮監督することができる。但し、個々の事件の取調又は処分については、検事総長のみを指揮することができる。

第一五条（検察官の等級）
検事総長、次長検事及び各検事長は一級とし、その任免は、内閣が行い、天皇が、これを認証する。

【刑事訴訟法】

第一九一条（検察官・検察事務官と捜査）
一　検察官は、必要と認めるときは、自ら犯罪を捜査することができる。
二　検察事務官は、検察官の指揮を受け、捜査をしなければならない。

第一九二条（捜査に関する協力）
検察官と都道府県公安委員会及び司法警察職員とは、捜査に関し、互に協力しなければならない。

第一九三条（検察官の司法警察職員に対する指示・指揮）
検察官は、その管轄区域により、司法警察職員に対し、その捜査に関し、必要な一般的指示をすることができる。（以下略）

第二四六条（司法警察員から検察官への事件の送致）
司法警察員は、犯罪の捜査をしたときは、（中略）速やかに書類及び証拠物とともに事件を検察官に送致しなければならない。（以下略）

第二四七条（国家訴追主義）
公訴は、検察官がこれを行う。

第二四八条（起訴便宜主義）
犯人の性格、年齢及び境遇、犯罪の軽重及び情状並びに犯罪後の情況により訴追を必要としないときは、公訴を提起しないことができる。

【刑法】

第一九七条（収賄、受託収賄及び事前収賄）

公務員が、その職務に関し、賄賂を収受し、又はその要求若しくは約束をしたときは、五年以下の懲役に処する。この場合において、請託を受けたときは、七年以下の懲役に処する。

【新聞倫理綱領】

日本新聞協会が示した倫理綱領の概要を記す。

国民の知る権利の保持が民主主義社会を支える普遍の原理であり、この権利は言論・表現の自由によって保障されるものと唱える。

そのうえで「あらゆる権力から独立したメディア」「なにが真実か、どれを選ぶべきか、的確で迅速な判断」「正確で公正な記事と責任ある論評」などが求められるとしている。

各項目では「自由と責任」「正確と公正」「独立と寛容」「人権の尊重」「品格と節度」が謳《うた》われている。

［著者］

村串栄一（むらくし・えいいち）

ジャーナリスト。1948年、静岡県生まれ。明治大学政経学部卒業後、中日新聞社（東京新聞）に入社。

首都圏の支局勤務を経て東京本社編集局社会部に。司法記者クラブ、国税庁記者クラブ、ＪＲ記者クラブ、司法記者クラブキャップ、事件遊軍キャップ、社会部デスクなどを担当。特報部デスク、写真部長、北陸本社編集局次長などを経て東京本社編集局編集委員で定年退職。引き続き特別嘱託として編集委員を務め、2013年暮れに完全退職。

著書に『検察秘録―誰も書けなかった事件の深層』『新・検察秘録―誰も書けなかった政界捜査の舞台裏』『新幹線とリニア　半世紀の挑戦―世界に冠たる「安全思想」はどう構築されたか』（すべて光文社）、『がんと明け暮れ―記者が綴る10年の記録』（弓立社）など。

また、月刊「文藝春秋」をはじめとする雑誌にも特捜摘発事件、検察不祥事、司法制度などを中心に論考を寄せている。

ISBN 978-4-06-219512-6 N.D.C.916 229p 20cm

検察《けんさつ》・国税《こくぜい》担当《たんとう》　新聞記者《しんぶんきしゃ》は何《なに》を見《み》たのか

二〇一五年五月十一日　第一刷発行

著　者　村串栄一《むらくしえいいち》

発行者　鈴木　哲

発行所　株式会社講談社
〒一一二―八〇〇一
東京都文京区音羽二―一二―二一
電話　編集部　〇三―五三九五―三四三八
　　　販売部　〇三―五三九五―四四一五
　　　業務部　〇三―五三九五―三六一五

印刷所　大日本印刷株式会社

製本所　黒柳製本株式会社